中学校社会サポートBOOKS

高田裕行 著

教室を熱狂空間にする！

中学校社会科授業デザイン

JN207804

はじめに

「1603年に徳川家康が江戸幕府を開いた」
「国会には，常会・臨時会・特別会・緊急集会の4つの種類がある」

　先生が身振り手振りを使って，教科書の重要語句を何度も丁寧に説明する。私は指示された箇所にマーカーを引いては，「テストに出る」とメモをとる。

　先生の話を聞きながら「**これを暗記して将来何の役に立つのだろう？**」と考える。お恥ずかしい話ですが，子どもの頃の私は，学校の授業に対していつも冷めた態度でした。授業はテストや成績のためであって，それ以上でも以下でもないというのが本音であり，何のために学んでいるのかよくわかっていませんでした。

　しかし，自分がいざ社会科教員になってみると，考え方が一変しました。どこか遠くの世界の出来事と思っていた社会課題が自分の生活の延長線上にあることがわかったり，日本が直面している課題や問題が日々の生活に直結していることを感じたりするなど，大人になった今は，社会科を学ぶ意義を強く実感しています。「何のために社会科を学ぶのか」をより明確にし，教室と社会の距離をもっと近づけることで，生徒は授業にもっと「**本気**」になるのではないか。そのような問題意識に立ち，本書を執筆しました。

　本書は「**教室を熱狂空間にする**」をコンセプトに，生徒の好奇心や探究心に火をつけ，心だけでなく生き方までも揺さぶるような社会のリアルな課題の設定を意識しています。また，課題を自分ごととして捉え，議論や意見交換を通し，多面的・多角的に考察し，自分なりの「**正解**」を創造する活動にも力を入れており，単元のワンポイントとして活用できるのも特徴です。ぜひ，気軽に活用してほしいと思います。本書が教室で奮闘する一人でも多くの先生方のお役に立てれば幸いです。

CONTENTS

目　次

はじめに　3

<table>
<tr><td>Chapter
1</td><td>教室を熱狂
空間にする！</td><td>中学校社会科授業デザイン</td></tr>
</table>

1 ▶熱狂空間を作り出す授業デザイン ⋯⋯⋯⋯⋯⋯ 8
　1　熱狂空間を作り出すのは，やはり「熱」　8
　2　社会科授業モデルの活用について　9

2 ▶教室を熱狂空間にする三つのポイント ⋯⋯⋯⋯ 10
　1　「本物の社会課題」と出会い，「自分ごと」として考えさせる　10
　2　SEL の視点から「最適解」ではなく，「納得解」を考えさせる　13
　3　虫の目・鳥の目・魚の目から多角的に物事を考えさせる　16

<table>
<tr><td>Chapter
2</td><td>教室を熱狂
空間にする！</td><td>中学校地理授業モデル</td></tr>
</table>

1　世界各地の人々の生活と環境 ⋯⋯⋯⋯⋯⋯ 20
　シェフとして，外国人向けの新メニューを開発しよう

2　世界各地の人々の生活と環境 ⋯⋯⋯⋯⋯⋯ 26
　ムスリムの声から考える「未来のシン・ニホン」

3　世界の様々な地域 ▶アジア州 ⋯⋯⋯⋯⋯⋯ 32
　パームオイルから考える私たちの生活

4　世界の様々な地域 ▶アジア州 ⋯⋯⋯⋯⋯⋯ 38
　天災か？人災か？えび消費大国日本とスマトラ地震

5 世界の様々な地域 ▶ **ヨーロッパ州** 44
航空機の工場を作るとしたらドイツ？ポーランド？

6 世界の様々な地域 ▶ **アフリカ州** 50
なぜベナンの小学校では，学年が上がると生徒数が減っていくのか？

7 世界の様々な地域 ▶ **アフリカ州** 56
スマホでつながる「私」と「アフリカ」

8 日本の様々な地域 ▶ **関東地方** 62
東京一極集中，どう解決する？

9 日本の様々な地域 ▶ **近畿地方** 68
「京」の景観を CANVA でアップデートしよう！

Chapter 3 教室を熱狂空間にする！ 中学校歴史授業モデル

1 私たちと歴史 ▶ **人類の誕生から文明の発生へ** 76
上野動物園のサルは700万年後に人になれるのか？

2 中世の日本 ▶ **武士の世の始まり** 82
もし，あなたが鎌倉時代の人ならどの宗教を信仰しますか？

3 近世の日本 ▶ **開国と幕府の終わり** 88
あなたは開国に賛成？それとも反対？

4 近代の日本と世界 ▶ **明治政府による「近代化」の始まり** 94
学校ができる！明治の人々は歓迎？それとも反対？

5 近代の日本と世界 ▶ **近代国家への歩み** 100
「固有の領土」か？「大戦の結果」か？〜北方領土の未来を考える〜

6 近代の日本と世界 ▶ **戦争に向かう世論** 106
世界恐慌における日本の判断は正しかったのか？

7 現代の日本と世界 ▶ これからの日本と世界 ········· 112
現代の日本社会を形づくる画期となった出来事は何？

8 現代の日本と世界 ▶ これからの日本と世界 ········· 118
当事者の視点から考える，原発推進か？それとも原発ゼロか？

Chapter 4 教室を熱狂空間にする！ 中学校公民授業モデル

1 私たちが生きる現代社会と文化の特色 ········· 128
私たちは，出生前診断をどう評価すべきか？

2 基本的人権の尊重 ········· 134
アファーマティブ・アクションは差別か？平等か？

3 基本的人権の尊重 ········· 140
オールジェンダートイレの導入，あり？なし？

4 国民の生活と政府の役割 ▶ 財政 ········· 146
新島と式根島に橋を架けたい！税はどう集める？

5 国民の生活と政府の役割 ▶ 財政 ········· 152
世界遺産！小笠原諸島に空港は作るべき？

6 国民の生活と政府の役割 ▶ 財政 ········· 158
なぜノルウェーの刑務所は再犯率が20％と低いのか？

7 世界平和と人類の福祉の増大 ▶ 貧困解消と環境保全 ········· 164
ピザのシェアから考える世界の飢餓問題

8 世界平和と人類の福祉の増大 ▶ 貧困解消と環境保全 ········· 170
「服」から考える国際協力

Chapter 1

教室を熱狂空間にする！

中 学 校

社会科授業

デ ザ イ ン

1 ▶ 熱狂空間を作り出す授業デザイン

1 熱狂空間を作り出すのは，やはり「熱」

そもそも「**教室を熱狂空間にする**」というのは，どのような状態なのでしょうか。ここでは，次の三つを条件として定義します。

> ①生徒が「好き」「楽しい」「解決したい」「追究したい」「知りたい」という自分自身の内から出る「**熱**」によって課題と対峙している状態。
> ②内から出る「**熱**」をエンジンに「こんな未来を作りたい」「世界の課題を解決したい」など未来を創造しようとする姿勢が見られる状態。
> ③教室にいる全員に近い人数が，①②の状態であり，議論や話し合いを通して，課題解決に向け，自分の行動や社会の在り方などについて多面的・多角的に考え，その「**熱**」がチャイム終了後も続いている状態。

この三つの状態を作り出すことができた時に，教室は一気に活気に満ち，熱狂空間が生み出されると考えています。「**熱狂空間を作り出すのはやはり熱**」なのです。そのような価値ある50分を作り出すために，具体的に，以下の三つのポイントを意識して，授業をデザインしています。

> ①社会にある本物の社会課題と出会い，自分ごととして考えさせる。
> ②SEL の視点から「最適解」ではなく，「納得解」を考えさせる。
> ③虫の目・鳥の目・魚の目から多角的に物事を考えさせる。

三つのポイントについては次章で一つずつ解説していきたいと思います。そして，教室を熱狂空間にする授業に最も大切なことは，授業の主導権を生徒に預けることだと考えています。主役（生徒）が輝くために，教師はどのように学びをデザインする必要があるのか共に考えていきましょう。

2 社会科授業モデルの活用について

「教室を熱狂空間にする！中学校社会授業モデル」では，学習指導要領の以下の二つの点に関連させ構成されています。

①社会に開かれた教育課程

学習指導要領では，「よりよい社会を作る」という目標を学校と社会が共有するということが目指されています。本書では，社会にある本物の課題や自分とのつながりを重視することで**「学校と社会の距離を近づける」**ことに重点をおいています。教室から世界や社会の課題や問題を自分ごととして考え，その解決に向けて行動する生徒の育成が，結果として「よりより社会を作る」ことに貢献すると考えています。

②主体的・対話的で深い学びの視点

本書では，講義型の一斉授業よりも，生徒が主体的に学ぶ授業を意識した構成になっています。基礎的・基本的な知識を獲得し，それらを活用して話し合いや議論をすることに重点を置いています。**教師は「教える」よりも，生徒に「質問する」「応援する」「伴走する」という立ち位置**で，全体をファシリテートする役割に徹することで，よりアクティブな生徒の姿が見られると考えています。

以上の点を踏まえて，本書は「明日に使える」ことを最大の特徴とし，「教室を熱狂空間にするポイント」「授業展開プラン」「授業ワークシート」「評価とフィードバック」の四つから授業の流れと解説について編集されています。また，ワークシートと授業用スライドは QR コードで掲載していますので，ぜひ，自由にご活用してください。

2 ▶ 教室を熱狂空間にする三つのポイント

1 「本物の社会課題」と出会い，「自分ごと」として考えさせる

　教室を熱狂空間にする一つ目のポイントは，「**本物の社会課題と出会い，自分ごととして考えさせる**」です。一つ例をあげて説明させてください。例えば，みなさんは「先進国の人々が衣服（古着）を途上国に寄付すると，現地の人々が貧困になる」と聞いた時，どのように思いますか？

　自分が着られなくなった衣服（古着）をチャリティーで寄付したり，サイズが合わなくなった子ども服を，リサイクルに出したりした経験のある人は多いと思います。しかし，その善意の行動が，実は途上国の「貧困問題」に繋がっているかもしれないと聞かされれば，否が応でも「真相」を追究したくなると思います。自分とは関係のないどこか遠い国や地域の社会課題だと思っていたことが，自分の日々の生活や行動と深くつながりがあるというわけですから，「**知りたい**」「**学びたい**」「**解決したい**」という「**熱**」が生まれるのは自然なことだと思います。このように，ここでいう「衣服」や「寄付」のような身近で当事者性のある切り口から，自分と本物の社会課題のつながりを実感できる課題を設定することが，教室と社会の距離を近づける上で有効だと思います。

　では，なぜ，先進国の人々が衣服（古着）を途上国に寄付すると，現地の人々が貧困になるのでしょうか？以下に解説したいと思います。

　そもそもですが，皆さんは，先進国から寄付やリサイクルという名目で集められた衣服（古着）が，その後どこに行くのかをご存知ですか？実は多くが国外，とりわけアフリカに輸出されています。「アフリカの貧しい人々のために寄付をする」という大義名分のもと，日本やアメリ

カ，イギリスなどの先進国から大量の衣服がアフリカに流れ着いており，国連の貿易統計によると，世界の古着輸出量（2016年）は約437万トンにもなり，金額にして約4000億円だそうです。日本でも，年間約15億着もの衣服が廃棄処分されており，その中には「古着」としてアフリカに辿り着いている服も多いはずです。ここで，次の写真をご覧ください。

この写真は，筆者が西アフリカにあるベナン共和国の市場で撮影した衣服の山です。この衣服の山の中には，ドラえもんやポケモンのＴシャツ，背中に○○高校と印刷されたポロシャツなど「日本」から送られてきたと思われる古着も多くあり

ベナン共和国で売られている先進国から送られてきた衣服の山（筆者撮影）

ました。そして，これらの古着は日本円にして「1着5円」という安価な価格で販売されていました。私は当初，**「現地の人々が衣服を安く手に入れられるなら，寄付も悪くない」**と感じていましたが，それは大きな誤りだということをすぐに理解しました。なぜなら，大量の安価な衣服が市場に流れ込んできたことが原因で，現地で衣服を仕立てる仕立て屋や職人，繊維工場の経営者など洋裁ビジネスをする人々が，価格競争に太刀打ちできず，廃業に追い込まれるケースがあると知ったからです。つまり，**寄付による古着のせいで地元で生産される服が売れなくなったというわけです。**また，ナイジェリアやガーナでは大量に余った古着を処理しきれずゴミ問題が深刻化し，環境破壊や健康被害を引き起こし，その影響から貧困を拡大させているケースもあるそうです。**「良かれと思ってやっていた善意の寄付が，現地の産業を衰退させ貧困問題を拡大させていた」**わけです。だからこそ，まずはこういった事実を知ること

が大切だと思います。私たち先進国の人々の行動がアフリカで起きている貧困問題を引き起こす一因になっているわけですから，**この問題の当事者は「私たち」**なのです。

　では，どうしたら良いのでしょうか？その解決策を授業では議論させます。もちろん答えは一つではありません。「現地のニーズや状況を無視しないように，寄付の最終地点がどうなっているのかを調べる」も有効ですし，「いらなくなったら捨てるではなく一着を大切に着る」ということも中学生には，すぐにできる行動でしょう。自分の考え方や行動で世界が良い方向に変わるということを知れば，授業にも**「熱」**が入るはずです。

　さて，「なぜ，先進国の人々が衣服（古着）を途上国に寄付すると，現地の人々が貧困になるのでしょうか？」について真相が理解できたと思います。授業では「衣服」という身近なものから，遠く離れたアフリカの貧困問題と私たちとのつながりを知り，自分ごととして捉え，この課題にどのように向き合っていくか必要があるのかを考えることができます。

　例えば，地理的分野のアフリカ州の単元で「アフリカが持続可能な発展を遂げるために，本当に必要な支援とは何か？」をテーマに取り上げたり，公民的分野では，国際社会と私たちの単元でODAなど援助の在り方と関連させながら「本当に意味のある国際協力とは何か？」というテーマで，この題材を取り上げることも可能です。さらに，総合的な学習の時間の中でSDGsと合わせて取り上げることもできるでしょう。

　このように「**本物の社会課題と出会い，自分ごととして考えさせる**」ことができる課題の設定をすることで，教室と社会の距離を近づけることができます。「知りたい」「解決したい」という思いが生徒の好奇心や探究心に火をつけ，教室を「熱狂空間」にできるはずです。

2 SEL の視点から「最適解」ではなく，「納得解」を考えさせる

　教室を熱狂空間にする二つ目のポイントは，「**SEL の視点から「最適解」ではなく，「納得解」を考えさせる**」です。SEL とは，「Social Emotional Learning」の略で日本語で社会性と情動性の学習と呼ばれます。最近，日本でも少しずつ広がり始めており，「自分の感情を自制する力」や「人の気持ちを理解し，共感を示す力」，「仲間と協調する力」などの非認知能力の育成を通して社会性に関するスキル，態度，価値観を身につけることを目指す学習です。筆者は，この SEL の視点を社会科授業に取り入れることが，社会科の目指す平和で民主的な国家及び社会の形成者に寄与できると考えています。

　なぜなら，今日のような複雑で変化の激しい現代社会では，「正義と正義」が激しくぶつかり合い，争いや対立に発展することもしばしばあります。自分の意見が正論だと思っていても，相手に理解されないこともあり，逆も然りです。当たり前の話ですが，**社会を創るのは「人」**です。だからこそ，答えのない時代においては，理論や根拠だけで問題や課題の答えを出す「最適解」だけでなく，**人の「心」や「感情」を理解することに焦点を当て，対話や協働の中から「納得解」を生み出す力**を身につけることが必要不可欠な力だと考えています。

　では，そのような「**SEL の視点から「最適解」ではなく「納得解」を考えさせる**授業」とはどのようなものなのでしょうか？ここでは公民的分野で実施した「犯罪者による表現の自由をどう考えるか？」の授業を事例に以下に解説していきます。初めに下の文章（フィクション）を読んでください。

> 　200X 年に，日本社会を震撼させる事件が K 市で発生した。当時15歳の男子中学生（少年 A）が相次いで無差別に 4 人の大人を殺傷した。この事件は，中学生が起こした事件ということから，世間の注目を集めた。

200X 年 8 月 23日の未明，駅近くの公園で，切断された男性の頭部が見つかり，頭部は鋭利な刃物で切り裂かれていた。その残虐さと特異さから事件の概要はマスメディアを通して，全国に報道された。警察の捜査により，犯人は当時15歳の中学生であったことが判明した。その後，少年 A は逮捕されるも，少年法により，死刑にはならず数年で少年院を後にした。

　しかし，そこから数十年後のことである。社会に復帰して30代になった少年 A は遺族への断りもなく「手記」を刊行したのだ。これが初版で30万部を売り上げ，出版を巡って波紋が広がった。

　「犯罪を犯して金を稼ぐのはおかしい」，「遺族に断りもなく，出版するのは人としてどうなのか？」，「遺族を悲しませ，さらに追い詰めるのか？」，「遺族のプライバシーは？」と世間では遺族を擁護する意見が優勢だった。

　しかし，「知る権利がある。事件の概要は広く社会に知られるべき」，「読みたい人の自由を奪ってはいけない」，「表現の自由が保障されている」，「風化させないために出版は必要」と出版側や少年 A の主張を擁護する人もおり，SNS 上では双方の意見どちらに対しても炎上が続いた。

　結局，遺族はプライバシーの権利や被害者家族の精神的苦痛を理由に出版中止と回収を求めたが，加害者の **「表現の自由」** が憲法によって保障されているため，購買の判断は消費者に委ねられることとなった。さて，あなたはこの犯罪者による表現の自由をどう考えますか？

　さて，法だけを根拠に「最適解」を考えるのであれば，最高法規である日本国憲法21条により「表現の自由」が保障されているため，少年 A と出版社側のとった行動は，民主主義の維持に不可欠なものとして最大限保障されます。しかし，教室で議論した場合，すべてのグループの「解」は同じにはならないでしょう。なぜならそれは，様々な「感情」が複雑に絡み合ってお

り，簡単に答えが出せる問いではないからです。

　では，この「犯罪者による表現の自由をどう考えるか？」の授業に参加した生徒は，何を感じたのでしょうか。以下に感想を共有します。

> 　私は，犯罪者による表現の自由には反対です。確かに，社会復帰をして一般人として生活をしているのであれば少年 A にも例外なく「表現の自由」は認められるべきだと考えています。しかし，他人の権利が侵害している場合は慎重になる必要があると思います。今回のケースは十分な配慮もなく，しかも遺族の許可もありません。自分が犯した罪を本にして，利益まで受け取るというのは，遺族の立場を考えた時に決して許されるものではないと思います。怒りしか湧いてきません。正直なところ，この場合は，表現の自由を規制しても良いのではないかとさえ思ってしまいました。
>
> 　日本は憲法の改正を一度もしたことがありません。もう何十年も前に作った法やルールが時代や社会にあってない箇所はたくさんあると思います。見直すべき時期にきているのではないでしょうか。また，最近では SNS での誹謗中傷により心を追い詰められて自殺してしまう人もいます。なんでも「表現の自由だから許される」というのは，少し違うと思います。

　現代社会ではこういった「最適解」と「納得解」が一致しないことはよくあることだと思います。また，社会の変化が激しいため，今後も新たな問題や課題が発生することは容易に予想できます。社会科は，平和で民主的な国家及び社会の形成者を育成する教科です。予測困難な社会だからこそ，SEL の視点を授業に計画的に取り入れ，理論や根拠だけでなく，様々な「感情」と向き合うことで自分なりの「納得解」を作り出せる力が必要だと考えています。「こんな社会にしたい」という原動力が，「新しい解」を本気になって考える姿勢を生み出し，教室を「熱狂空間」に作り上げていくと考えています。

3　虫の目・鳥の目・魚の目から多角的に物事を考えさせる

　教室を熱狂空間にする三つ目のポイントは，「**虫の目・鳥の目・魚の目から多角的に物事を考えさせる**」です。周知の事実ですが，社会的な見方や考え方を意識しながら，物事を多面的・多角的に考察することが社会科授業を成功させる一つの鍵になります。特に情報が溢れる現代社会では，一部の情報を切り取って取り上げたり，一つの事例を拡大解釈したりして，大きな主語で語ってしまうことがSNS等でも度々見受けられます。そうすると間違った認識で世界や社会について捉えてしまい，「**正しく社会を見る**」ことができません。そこで，子どもたちに定期的に社会を多面的・多角的な視点から捉える上で大切にしてほしい姿勢である「**虫の目・鳥の目・魚の目**」について紹介しています。

【世界や社会を正しく捉えるための三つの目】	
虫の目	小さな虫が目の前を見ているかのように，物事を通常よりも遥かに細かいところを注意深く見ることです。データを注意深く細かく分析したり，人々の生活や暮らしを想像し，自分ごととして知ろうとしてみたりすることが大切です。
鳥の目	鳥が高い位置から地上を見渡すかのように，俯瞰的な視野から全体を見回して捉えて物事を見ることです。上からだけでなく，角度を変えて背後から捉えてみるなど，物事を構造的に見ようとすることが大切です。
魚の目	潮の流れや海流を把握しながら泳ぐ魚のように，どのような変化の中で，なぜその事象が発生したのか状況を考えたり，時代の流れや世界の動きを察知したりしながら物事を捉えることが大切です。

　表のように，子どもたちに**虫の目・鳥の目・魚の目**を意識させることで，複眼的に物事を捉えることが可能となり，より客観的な判断を下すことができると思います。繰り返し意識させ，「自分の意見は本当に正しいのか？」など，一呼吸おいて判断できるように習慣化させることが大切です。人は自

分が思っている以上に「自分の見たい情報しか見えなくなる生き物」です。客観的な視点から物事を捉える力を身につけるためには多面的・多角的に考察する機会を多く設定することが必要であり，その一つの方法として，**思考ツール**」の活用をおすすめしたいと思います。思考ツールは，物事を批判的・複合的に考える際に，思考を整理して見えやすい形で表現するためのツールのことで，社会科だけではなく，さまざまな教科で活用されています。

　では，「**虫の目・鳥の目・魚の目から多角的に物事を考えさせる**」ために思考ツールを活用した授業とは，どのようなものなのでしょう？ここでは歴史的分野で実施した「室町文化を X チャートにまとめ，鎌倉時代との違いや変化を発表しよう」の授業を事例に以下に解説していきます。

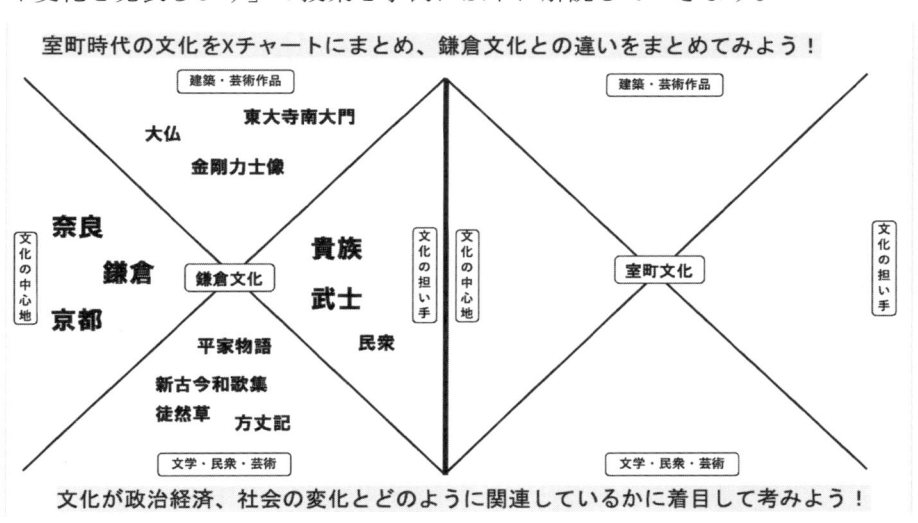

この授業では，単元を貫く課題に対する答えを生徒が記入する前に，X チャートという思考ツールを用い，室町時代の文化について，鎌倉文化との比較から「文化の中心地」「建築・芸術作品」「文化の担い手」「文学・民衆・芸術」の四つから多面的・多角的に捉えます。その後，これまでの学習を踏まえ「文化が政治・経済・社会の変化とどのように関連しているかあなたの意見を発表しよう」という活動を実施しました。生徒は四つの視点から，鎌

倉文化と室町文化の違いを見出し，またそれらが政治・経済・社会の変化とどのように関連しているのか，多面的・多角的に考察します。その時に意識したいことが，**「虫の目・鳥の目・魚の目」**です。例えば，室町時代を「鳥の目」から俯瞰してみると，「全体的にどのような時代だったのだろう？同じような視点から鎌倉時代と比較するとどうだろう？」など，このような声かけを教師が生徒にすることで，より俯瞰的な視点で物事を捉える習慣が身につくと考えています。また，「魚の目」から考えると，「なぜ文化の特徴が変化したのか？」「どのような社会事象が関係しているのか？」など学んだことを振り返りながら「点」と「点」を繋げて「線」を見出すこともできると思います。

　さらに，思考ツールは，さまざまな分野で取り入れることが可能です。例えば，地理的分野では「なぜ東北地方で米づくりが盛んなのか？」をテーマに生徒が教科書やタブレットを通して仮説を発表した後に，意見が多かった「自然環境」「技術改良」「農政の変化」の三つをチャートにまとめ，米づくりが盛んな理由を考えてみようといったことも可能でしょう。

　このように，**虫の目・鳥の目・魚の目から多角的に物事を考えさせる**授業を意識して，計画的に取り入れることで，生徒が様々な「視点」や「気づき」を獲得し，より正しく社会を捉え直すことができます。「冷静な頭と熱い心」をもって議論ができるからこそ，教室を「熱狂空間」にすることができると思います。

教室を熱狂空間にする！

中学校 地理授業 モデル

地理的分野 世界各地の人々の生活と環境

1 シェフとして，外国人向けの新メニューを開発しよう

1 教室を熱狂空間にするポイント①

「本物の社会課題と出会い，自分ごととして考えさせる」

　日本では，訪日外国人数は順調に回復を続けており，外国人観光客の数は今後ますます増加していくことが予想されています。しかし，観光の最大の楽しみでもある「食」のおもてなしの対応には，多くの課題が残っています。例えば，イスラム教やヒンドゥー教には宗教的な理由で食べてはいけないものが細かく規定されていますし，ビーガンやベジタリアンなど食生活も多様であるため，理解を深めるにはまだまだ時間がかかるでしょう。

　『シェフとして，外国人向けの食事メニューを開発しよう』では，授業で学んだ世界各地で異なる地理的環境や宗教の影響を受けて成立する食文化の知識を活用し，誰もが安心して楽しめる日本食について考案します。例えば，「宗教的にみりんって使っていい？」「嗜好に合わせてウガリをライスの代わりに使うのはどう？」など生徒が意見を出し合いながらメニューを作成します。近年，外国にルーツをもつ生徒も増えており，食については教室でも配慮が必要です。自分が外国人だったら食事に関して「どんながおもてなしをしてほしいか？」など自分ごととして考えさせることが大切です。

> **授業メモ**　授業では「どんな配慮があったら嬉しいかな？」「なぜベジタリアンを選ぶ人がいるのだろう？」など授業内容を振り返りながら，相手の立場に立って食文化や異文化を理解させることが大切です。

② 教室を熱狂空間にするポイント②

「SEL の視点から最適解ではなく納得解を考えさせる」

　旅行の最も楽しみの一つが食事です。授業では，「日本にせっかく来たのに食べられないものばかりだったらどう？」「自分の国の味を感じながら日本食を味わえたら嬉しいよね」など生徒に声をかけながら，観光客の「感情」を想像し，期待に応えるメニューを作成できると良いと思います。メニュー作りは AI に協力してもらうことも可能にします。例えば，ある生徒はAI のアイディアをもとに班で議論し，カレーのライスをウガリに変え，アフリカの熱帯地域の方々向けのメニューを考案しました。地理で学習した知識を活用しながら，異文化を尊重する態度をもちつつ，常識にとらわれることのない新しい解を見つけ出してほしいと思います。

> **授業メモ**　授業では，外国人にとって食事をするとき生じる感情はどのようなものかを把握した上で，自分の「納得解」に辿り着かせることが大切です。学習内容を踏まえながら自由にアイディアを出して考えさせると良いでしょう。

③ 授業展開プラン

1 「外国人観光客向けの新メニューを考えよう」を読んで，課題を理解する。

　a〜c の国名，気候帯，宗教，農作物を地図と定番料理をもとに考えます。

> ：a はコンゴ民主共和国。キャッサバやタロ芋がよく育つから主食として「いも」を練り上げたものを食べているイメージがあるよね。
>
> ：b はインドネシア。熱帯だから米の生産量が多い。ナシゴレンは有名。
>
> ：c はペルー。高山気候はとうもろこしを作っているから，セビージャって料理にも付け合わせで入っているよ。

シェフとして，外国人向けの新メニューを開発しよう

─AIを活用して「ふるさと」×「日本」の味を実現しよう─

①外国人観光客向けの新メニューを考えよう！

あなたは，ホテルのレストランのシェフです。外国人観光客の増加に対応するため，その国のメジャーな食材を使い，新メニューの開発を考えています。下のa〜cの国で栽培される農作物や宗教上の配慮をリサーチし，新メニューを考案しなさい。また，メニューの名前はその国の言葉や文化などを踏まえて，観光客が喜びそうなものをグループで考えてください。

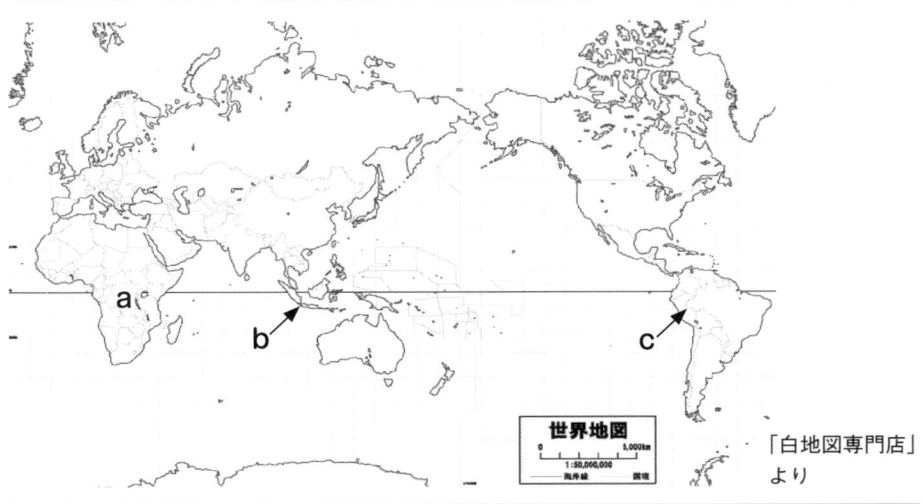

世界地図

「白地図専門店」より

	国名	気候帯	宗教	農作物	定番料理
a					フフ
b					ナシゴレン
c					セビーチェ

②地図中の a〜c の国の外国人観光客向けの新メニューを班で相談して開発
　し，名前をつけて表に記入してください。またその際，ChatGPT からア
　ドバイスをもらっても構いませんが，どのようなアドバイスを受けたかに
　ついては必ず記入してください。さらに工夫したポイントを観光客の方の
　国の食文化や自然環境，生活習慣，宗教など授業で学習したことと関連さ
　せて記述できるようにしてください。

	料理名	工夫ポイント	アドバイス	イメージ（絵）
a				
b				
c				

③地理的環境や宗教は世界の食文化にどのような影響を与えていましたか？

2 **a〜c の国の観光客向けの食事メニューについて考える。**

　各国の気候，代表的な農産物，宗教などを把握し，観光客向けの食事メニューついて自由に考えさせます。ChatGPT を利用しながら，班員と協力して自由にアイディアを考えると良いと思います。

👩 : 外国人観光客向けのメニューの考案はできましたか？

👧 : 私たちの班では，ラーメンを新メニューとして作りました。スープは鶏にして，羊の肉をチャーシューにしました。また，熱帯地域の人々は古くから辛い料理を食べる文化があるので，唐辛子を加えるように工夫しました。

👧 : 私たちの班は，カレーライスの「ライス」をフフに変えて販売する案が出されました。フフは「いも」なので，カレーとの相性も良いと考えました。また現地ではフフをスープなどにつけながら食事をするようなので，スープカレーにつけて食べるイメージで商品を開発しました。

---

3 **地理的環境や宗教は世界の食文化にどのような影響を与えていたか自分の意見をまとめる。**

　ここでは単元を通して学んだことを踏まえながら，「なぜその農作物が収穫されるのか？」,「どのような宗教の決まりがあったのか？」などメニューを作る上で学んだことを記述させると良いと思います。

👩 : 新メニューを開発してみてどうでしたか？

👦 : あまり自分に馴染みはないけれど，特に宗教が食文化に大きな影響を与えていることがわかった。かなり細かいけれど，誰にとっても安心して日本を楽しんでもらうためには，飲食店だけでなく私たちも学ぶ必要があると思う。

---

④ 子どもの育ちをとらえるポイントとフィードバック

　単元のまとめとして実施した新メニュー開発は，想像以上に盛り上がります。ここでは，ある生徒の感想を紹介します。

> 　世界各地の人々の生活と自然環境の関わりについて学習をし，食は気温や降水量，地形などの地理的環境に大きく影響を受けていることがわかりました。また，宗教によって食べられない食材が想像以上に多く，ルールも細かいことに驚きました。寿司やうどんなどの日本食だけが世界で広がっていると思っていたけれど，調べてみると，最近ではイスラム教徒向けのハラールメニューを提供する店も増えていることがわかりました。異なる食文化が互いに影響を与えあって，新しい食文化が作られることもよくわかりました。新メニューを考える中で一番大変だったことは，どれが食べられて，どれが食べられないのかを確認することでした。使う材料や調味料も限定されるので，味の好みを外国人向けにするためにどうすれば良いか考えることが難しかったです。日本も海外のようにしっかりとハラルマークを商品につけて，日本のスーパーでも当たり前のように購入できるようにして欲しいと思います。そうすれば，もう少し楽にメニューが作れると思います。

　授業後には，「このメニューを家庭科の授業で作って，総合的な学習の時間で企業にプレゼンしましょう」など面白い提案をしてくれる生徒もいました。食事のメニューを創るという単純な活動ですが，地理での学びを活用して，異なる相手の文化や慣習を尊重すること，理解することの大切さや難しさを実感してほしいと思います。

参考文献 ─────────────
・松原宏著『地理総合』東京書籍，2022年

2 ムスリムの声から考える「未来のシン・ニホン」

1 教室を熱狂空間にするポイント①

「本物の社会課題と出会い，自分ごととして考えさせる」

　世界には16億人の人々がイスラム教を信仰しています。日本ではインドネシアから多くの育成就労制度による人材を招聘していることもあり，約20万人のムスリムが生活しています。今後は日常生活の中で「イスラム教（ムスリム）」を意識する場面が，ますます増えていくでしょう。多文化共生社会の創造と構築は，本物の社会課題であり，未来の社会で生きる子どもたち自身の問題でもあるため，自分のこととして考えさせることが大切です。

　しかし，日本でのイスラム教に対するイメージはネガティブなものが先行していると言わざるを得ません。中高生に実施したアンケートでは，「イスラム教といえば？」という問いに対し「テロ」「過激」「厳しい」といった偏った回答が全体の８割を占めました。しかし，それは偏見です。授業では，「イスラム教とは何か？」について正しく学習し，日本でムスリムの方々の生活が受け入れられるために私たちができることは何かを議論をします。誰一人取り残さない社会に向けて多様な立場から深く考えることが大切です。

> **授業メモ**　授業では，ムスリムからのアンケートを活用して，「なぜヒジャブをするの？」「断食の意味は？」「日本人のことどう思っているの？」など素朴な疑問を共有しながら，イスラム教への理解を深めます。信仰や習慣があるだけで，「私たちと何も変わらない」ことが理解できると思います。

2 教室を熱狂空間にするポイント②

「虫の目・鳥の目・魚の目から多角的に物事を考えさせる」

　教科書や資料集はもちろんのこと，日本で生活経験のあるイスラム教徒の方々からのアンケートを活用し，多面的・多角的な視点で，住みやすいまちづくりについて議論します。例えば，「スーパーには，ハラルフードのコーナーを設置した方がいいよね」「認証マークを義務付けた方が良いのでは？」など食事の面からできるサポートについて考えたり，「学校での礼拝スペースとかないよね？」「日本ってモスクあるの？」など礼拝の面からムスリムにとって必要な施設の設置を考えたりなど，国・自治体・学校・個人レベルでできる政策は何かについて，深く考えさせることが大切です。実際に，学校によって「礼拝室」を空き教室で活用しているところもあるので，そういった事例も提示すると生徒の興味関心を引き出せると思います。

> **授業メモ**　授業では，「自分がムスリムだったら日本では暮らしやすい？」「あなたの友人がムスリムで，日本での生活に困り事を抱えていたらどうする？」など彼らの立場に立って想像力を働かせることによって多面的・多角的に物事を考えることができると思います。

3 授業展開プラン

1 イスラム教と聞いて，どんなイメージを持っているかクラスで共有する。

　正直に自分のイスラム教へのイメージを発表させます。またなぜそういうイメージを持つようになったのかについても共有できると良いと思います。

> 😊：正直，危ないってイメージがある。テロ組織が多い。
> 😊：食事とかの決まりが多い。豚肉を食べてはいけない。お酒もダメ。

ムスリムと考える。未来のシン・ニホン

―互いに認め合う社会を作るために，私たちができることは？―

①「イスラム教」と聞いて，あなたはどんなイメージを持っていますか。

世界でイスラム教を最も信仰している国は（ 　　　　　）で約２億人です。世界では16億人が信仰していることから，世界的にも人気のある宗教です。

②マクドナルドを通してイスラム教を理解しよう！店の写真を見てから，表の【 】に下の①から④の写真はどれがどれに当てはまるか書いてみよう！

①　　　　　②　　　　　③　　　　　④

教え	内容	番号
礼拝	１日に５回礼拝をする。店内には体を清める水道もある。毎日の習慣として取り組んでいる。	【　】
断食	食べるものがない貧しい人の気持ちを理解するために年に１回断食の月がある。	なし
喜捨	貧しい人や高齢者へ無条件に手を差し出すことがイスラム的義務である。マックでは絵本を買うと全額が恵まれない子供に寄付される。	【　】
ハラール	食べることが許されている食材マーク。豚肉などは食べられない。飲酒も禁止されている。	【　】
ヒジャブ	女性は顔と手以外を隠し，親族以外には目立たないようにしなくてはいけない。	【　】

イスラム教の五つの義務を（ 　　　　　）といいます。

③右の QR コードは，イスラム教徒の方々に宗教に関する様々
な質問を取材したアンケート結果です。QR コードを読み込
んで，下の 3 つの問いに答えよう！

> ○五行について，自分が驚いたことを記述してみよう。
>
> ――――――――――――――――――――――――
>
> ――――――――――――――――――――――――
>
> ――――――――――――――――――――――――
>
> ○彼らは，日本人に対してどのようなことを感じていますか？
>
> ――――――――――――――――――――――――
>
> ――――――――――――――――――――――――
>
> ――――――――――――――――――――――――
>
> ○彼らが，日本で生活する大変さをどのように感じているか？
>
> ――――――――――――――――――――――――
>
> ――――――――――――――――――――――――
>
> ――――――――――――――――――――――――

④イスラム教徒への方々へのイメージは変わりましたか？また彼らが日本で
生活しやすいようにするために，私たちはどんな対策を取るべきですか？

――――――――――――――――――――――――――――

――――――――――――――――――――――――――――

――――――――――――――――――――――――――――

2 マクドナルドを通して，イスラム教について理解する。

　イスラム教を国教とする国のマクドナルドには，店内に礼拝室があったり，断食の月は昼間に営業しない店舗があったりなど，様々な配慮がなされています。宗教と生活が密接に関係していることを理解させると良いと思います。

> :マレーシアのマクドナルドの様子から分かったことはありますか？
> :礼拝室が設置されていて，いつでも礼拝ができるようになっている。
> :商品やメニュー表にはハラルマークがある。これは日本にはない。
> 　断食の月は，昼間は営業しないんだって。これも配慮の一つだね。

3 ムスリムからのアンケートを読み，発見や気づきをまとめる。

　ムスリムの方々に取材したアンケート調査をしっかり読み込んでイスラム教への理解を深めさせると良いと思います。(ワークシートに QR コードあり)

> :イスラム教について新しい気づきはありましたか？
> :貧しい人の気持ちを知るために断食していることがわかった。
> :日本人の礼儀を誉める声が多い。アニメもたくさん知っている。
> :ヒジャブを着ける年齢はみんな違うね。おおよそ思春期が基準らしい。

4 ムスリムの方々が日本で生活しやすくなるための政策や配慮を議論する。

　多文化社会の創造に向けて，国・自治体・学校・個人レベルでできることについて議論します。またイスラム教へのイメージの変化を共有します。

> :イメージ変わった。16億人に信仰される理由が少しわかったと思う。
> :スーパーでもハラルマークがあれば全然買い物の難易度が違うよね。
> :駅に礼拝室が欲しいね。むしろ礼拝室ってどこかにある？

④ 子どもの育ちをとらえるポイントとフィードバック

ムスリムの方々が日本で生活しやすくなるための政策や配慮については十分に時間をとって議論することが大切です。ある生徒の感想を紹介します。

> 私も含めてだけど，イスラム教に対する「偏見」があったと思う。正直，神様に固執している怖い人というイメージしかなかった。だけど，一つ一つの行動にはちゃんと意味があって，その意味の中には素敵だと思えるものも多くあった。だから，一部のテロとかの情報で全体のイメージを決めてはいけないことがよくわかった。ムスリムの方々が，日本で暮らしやすくなるためには，ハラルマークの普及や礼拝室の設置，断食の時の配慮など様々なことが必要なのだけれど，まずは日本人の「意識」を変えていくことが一番大事だと思う。日本人は，宗教に慣れていないせいもあって，未知数なものは怖いと思ってしまうから，まずは正しく知ることが大事だと思う。もっと小さい時からムスリムの方々と交流したり，宗教について学んだりすれば，自然と共生するために何が大切か，彼らの暮らしに目が向くと思うので，まずは「知ること」を大切に今日のことを家族に話したいです。

授業後には，「断食中の給食の時間は配慮してあげたい」，「豚肉とか間違って食べないように，防げることは配慮が必要だ」と話し合う生徒の姿が見られました。これは多文化社会を創造する「当事者」としての意識が高められた証拠だと思います。

参考文献 ────────
・荒井正剛・小林春夫著『イスラーム / ムスリムをどう教えるか - ステレオタイプからの脱却を目指す異文化理解』明石書店，2020年
・ユペチカ著『サトコとナダ（第 1 巻）』講談社，2017年
・ユペチカ著『サトコとナダ（第 2 巻）』講談社，2017年

3 パームオイルから考える私たちの生活

1 教室を熱狂空間にするポイント①

「本物の社会課題と出会い，自分ごととして考えさせる」

　みなさんは，ポテトチップス，クッキー，チョコレートなどの食品をはじめ，化粧品や石鹸など多くの生活用品の原料になっているパーム油を知っていますか？世界中で使用される約85%のパームオイルがインドネシアとマレーシアのアブラヤシ農園で大量に生産されており，私たちの生活になくてはならないものです。一方，アブラヤシのプランテーションを開発するために，熱帯雨林が減少しています。それだけでなく，オランウータンやゾウ，先住民族が住処を奪われたり，児童労働や農薬による健康被害が起きていたりするなどアブラヤシ農園が集まるボルネオ島には，本物の社会問題が山積しています。そして視点を変えれば，これは私たちの消費行動が加速すればするほど，ボルネオでは環境破壊など多様な問題が引き起こされるということになります。つまり，遠く離れたボルネオ島で起きているこの問題は，私たちの問題なのです。だからこそ，課題の解決に向けて自分は何ができるのか議論していくことが大切です。

> **授業メモ**　教室に，スーパーの商品を持ち込んで食品表示を見せるなど，私たちの生活とパームオイルが密接に関わっていることを実感させると良いと思います。その上で，ボルネオ島で起きている問題に自分はどのように向き合っていく必要があるのか議論すると良いと思います。

② 教室を熱狂空間にするポイント②

「SEL の視点から最適解ではなく納得解を考えさせる」

　パームオイルをめぐる問題は，未だ解決策がありません。「熱帯雨林は地球の財産。減少すれば雨は激減し，乾燥化も進む。気候変動に影響も出る」と環境面での不安を主張する声もあれば，「農園の仕事で定期的に収入が得られている。子どもの学費を出すことができる」など経済発展を支持する声もあります。授業では，政府，農園企業，日本の食品企業，動物保護団体，先住民族，パームオイルを消費する私たちなど多様な立場の人たちの「感情」に着目し，望ましい開発のあり方や持続可能な社会の形成に向けて自分はどう行動するべきかを議論し，自分たちの「納得解」を導き出すことが大切です。

> **授業メモ**　先住民族の中にも，「いい暮らしがしたい。補助金がほしい」と開発を賛成する人もいれば，「先祖代々の森を守りたい」と反対する人もいます。授業では，同じ立場でも多様な意見があるなど，様々な人たちの声に耳を傾けることで公正な社会のあり方について深く考えることができると思います。

③ 授業展開プラン

1 ポテトチップス，カップ麺，カレールー，チョコレートの共通点を考える。

　実物を教室に持ち込み，４つの食品の食品表示を見ながら共通点を探せると良いと思います。自由に意見交換をした後は，植物油脂の別名がパーム油であることを理解させます。

> ：共通点は何ですか？また見つかったグループは別名を調べてください。
> ：共通点は「植物油脂」で，パームオイルだと思います。
> ：共通点は，食品に使われていることかな？

パームオイルから考える私たちの生活

―ボルネオ島には社会問題の全てが詰まっている!?―

① 下の資料は，ポテトチップス，カップ麺，カレールー，チョコレートの食品表示です。さて，共通点は？

名称	ポテトチップス	名称	カップ麺
原材料名	じゃがいも，植物油，砂糖，食塩，バターパウダー，濃縮ホエイパウダー，パセリ，香料，酸味料，甘味料 etc	原材料名	油揚げめん，食塩，ラード，植物油脂，しょうゆ，ごま，香味料，ひき肉，ねぎ，アオサ，キャベツ etc
名称	カレールー	名称	チョコレート
原材料名	食用油脂（植物油，なたね油），小麦粉，砂糖，食塩，カレー粉，野菜パウダー，調味料，カラメル etc	原材料名	砂糖，マカダミアナッツ，全粉乳，香料，カカオマス，植物油脂，乳糖，ココアパウダー，レシチン

※共通点は全ての食品に _____（別名： 　　　　　）が使われている。
この（ 　　　　　）はアブラヤシという植物からとることができます。

② パームオイルクイズにチャレンジしてみよう！

問題①：世界で最も多く使われている植物性油脂は何でしょう？

（①ナタネ油　②大豆油　③ヤシ油　④パーム油（オイル））

問題②：日本に輸入されるパームオイルは，どこから輸入される？

（①マレーシア　②ラオス　③ベトナム　④カンボジア）

問題③：パームオイルが多くの製品に使われる理由は？（※複数回答あり）

（①風味や匂いがない　②安いから　③効率よく収穫できる）

③ 次の文章はパームオイルをめぐる問題について書かれたものです。最初に文章を読み，次に，関係者の声に耳を傾け，自分の意見を考えてみよう！

　ポテトチップス，カップ麺，チョコレート，石鹸，洗剤，化粧品など，私たちの生活のありとあらゆるものに「パームオイル（植物油脂）」が使用されていることを知っていますか？マレーシアでは，アブラヤシのプランテーションの開発を進めた結果，パームオイルの生産は国の重要な産業となり，国の経済発展に大きく貢献し，国民の生活も豊かになりました。一方，ボルネオ島では深刻な問題

が起きています。プランテーションの開発により熱帯雨林が減少し，先住民族やオランウータンなどの絶滅危惧種は住処を奪われています。また気候変動の脅威への高まりや森林火災に伴う大気汚染（ヘイズ）による健康被害，プランテーションでの児童労働など，様々な社会問題が発生しています。少し見方を変えると，このボルネオでの問題は私たちの問題とも捉えることができます。私たち（日本人）がパームオイルを求めれば求めるほど，マレーシアやインドネシアのアブラヤシのプランテーションは拡大し，経済を発展させる一方で，環境に大きな負荷をかけているわけです。ボルネオの熱帯雨林はこの100年間で半分以上も減っているそうです。さて，この問題に，私たちはどのように向き合うべきでしょうか？

財務省勤務の A さん（賛成）	動物保護をする D さん（反対）
環境問題は先進国が取り組めばいい。今まで自由に経済発展をしてきたのだから我々は気にせずパームオイル産業を発展させ外貨獲得，関連企業立ち上げによる雇用創出を目指し経済を発展させよう！	ボルネオ島ではオランウータンの生息地はすでに80％も失われています。ゾウもトラも数が減少しています。これ以上野生動物を追い詰めないでください。
農園開発企業の社長 B さん（賛成）	先住民族の E さん（反対）
もっと農園を増やして，関連工場を建設して利益が生まれれば貧富の差はなくなるはず。貧しさで苦しい思いをする人が少なくなるはずです。	何百年もこの森で暮らしてきた。子や孫のためにも森は絶対に残していきたいし，住んでいるのに途中から開発だなんて許せない。
日本の食品会社の C さん（賛成）	日本の大学生 F さん（反対）
プランテーションを拡大して，大量にパームオイルを生産してください。原材料価格が下がれば，日本で食品を安く売ることができます。	私たちの消費で苦しんでいる人がいるのは悲しい。なるべくパームオイルに関心を持っている企業を応援するなどできることから取り組みたい。

④ **パームオイルをめぐる経済と環境の問題について，あなたの意見を教えてください。また持続可能な社会に向けてあなたができることは何ですか？**

私は，パームオイルの生産には，（　賛成　・　反対　）

2 クイズを通して，パームオイルへの理解を深める。

　クイズを通して，パームオイルが世界で最も使われている油であること，インドネシアやマレーシアで85％が生産されていること，安価で使い勝手が良いことなどを確認します。

> 👧：なるほど，パームオイルは世界で最も使われているんだね。
>
> 👧：特にインドネシアとマレーシアで生産されているそうだ。
>
> 👧：パームオイルには風味や匂いがないので加工食品に使いやすい，安価，効率よく収穫できるなどの利点があって，世界中で使われているんだね，クイズの答えは全部だ！

3 パームオイルをめぐる問題について理解し，解決策を議論する。

　パームオイルをめぐる問題について全体で確認後，様々な立場の人たちの声から，この問題と自分とのつながりを理解します。次に，グループで意見交換や話し合いをし，自分たちの納得解を考えます。

> 👩：みなさんは，パームオイルをめぐる問題について，どのように考えましたか？また持続可能な社会に向けて自分ができることは何ですか？
>
> 👦：まず，この問題に自分が関わっていることを知り，とても驚いた。自分も相当恩恵を受けているし，原材料の値段が下がれば，日本の食品も安くなって嬉しい。正直なところ自分の生活を考えると賛成の気持ちが強いかな。
>
> 👧：私は反対。環境は簡単に取り返せないから。森林火災とか世界中で起きている。まわり回って私たちの生活にも影響が出るし，弱い立場の人や動物たちが追いやられるのはあってはならないと思う。
>
> 👧：できることは何だろう。消費者としての意識を高めるとか？

④ 子どもの育ちをとらえるポイントとフィードバック

パームオイルをめぐる問題は，自分とのつながりがわかりやすいため議論が白熱します。ここでは，ある生徒の感想を紹介します。

身の回りにある色々なものにパームオイルが使われていることを知って驚いた。スーパーやコンビニに行った時に自分の目で食品表示を見てみたい。パームオイルによって恩恵を受けている人，パームオイルによって追い詰められている人や自然，動物の両方がいると考えると難しい。もちろん自分は，パームオイルに頼りまくって生活しているし，それが急になくなってしまうとかなり不便だ。環境保全も大切と言いつつ，自分の生活を優先してしまっていることにも違和感を感じる。グループの話し合いでも話題になったけれど，まずこの問題を「知ること」や「伝える」こと，パーム油の問題に関心の高い企業の商品を選ぶことなど様々な意見が出たが，全てが対処療法になってしまい，根本的な部分での解決につながる答えは正直わからなかった。混乱もした。だけどここから逃げずに，考えることをやめないでこの問題と向き合っていきたいと思う。そして大人になったらボルネオ島に行って実際に自分の目で実態を見てみたい。

授業後には「食品表示をわかりやすくすることでパームオイルの問題を知ってもらえないか」や「CMやニュースでもっと取り上げてほしい」と話す生徒の様子がみられました。社会問題を自分ごとに捉えた結果だと思います。

参考文献
・認定NPO法人開発教育協会著『パーム油のはなし～「地球にやさしい」ってなんだろう？』2002年
・認定NPO法人開発教育協会著『パーム油のはなし2　知る・考える・やってみる！熱帯林とわたしたち』2020年

4 天災か？人災か？ えび消費大国日本とスマトラ地震

1 教室を熱狂空間にするポイント①

「本物の社会課題と出会い，自分ごととして考えさせる」

　寿司，天ぷら，海老天，えびバーガー，えびチリ，えびチャーハン，えびピラフなど，日本は世界一のえび消費大国と言われており，一人あたり年間で100尾の「えび」を消費しています。えびは私たちの食卓になくてはならないものですが，実は90％以上をアジア諸国からの輸入に頼っています。

　インドネシアでは，昔からえびの養殖池の乱開発によるマングローブ林の伐採が，環境面や防災面で深刻な影響を及ぼすと懸念されてきました。実際，2004年のスマトラ地震では，マングローブ林の行き過ぎた伐採が津波の被害を拡大させたという報告も出ています。これは，見方を変えれば，私たち日本人がえびの大量生産をアジア諸国に求め続けた結果であり，この震災は人災の側面も孕んでいるということになります。自然災害が起きてしまうことは避けられません。しかし，リスクを軽減することはできると思います。スマトラ地震という本物の社会課題が，私たちの生活と密接に繋がっていたということを理解し，自分たちの問題として受け止め，未来に向けて，できることを話し合っていくことが大切です。

> **授業メモ**　授業では，「えび」の学習から，徐々にスマトラ地震とのつながりを説明してほしいと思います。自分の身近な消費行動が遠い国の社会問題と繋がっていることを自覚できれば，自分ごととして考えることができるでしょう。

② 教室を熱狂空間にするポイント②

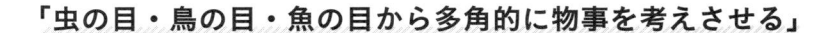

「虫の目・鳥の目・魚の目から多角的に物事を考えさせる」

　授業では，「えび」を題材に様々な視点から問題を考察させることが大切です。例えば，解決策を考えるにあたって「一つの国で起きている問題は，その国だけの問題ではない可能性がある」とグローバル化社会のメリットとデメリットに言及したり，「えびのない食卓を受け入れられる？」など自分たちが葛藤する場面を意図的に設けたり，或いは，こういったえびの問題に関して企業はどのような活動をしているだろうと視点を広げたりしながら，思考を深めることが大切です。実際に，インドネシアのイオンで売られているえびには，ASC 認証と呼ばれる環境と社会への影響を最小限にした責任ある養殖の水産物である証を示すシールが貼られていたりするので，そのような実際の写真も活用しながら多面的・多角的な視点で授業を進めると良いと思います。

> **授業メモ**　授業では，「スマトラ地震のような事例は他の地域でも起こりうる？」「私たちが知らず知らずのうちに地球的課題に加担していることって他にあるかな？」など時間があれば，他の事例も紹介してみるのもおすすめです。

③ 授業展開プラン

1 問題を通してえびに関する理解を深める。

　エビに関する問題は既存の知識は活用しないので，生徒全員が楽しく参加できるように配慮してほしいと思います。

> 👧：クルマえび，さくらえび，ボタンえび。共通点はえびの名前だ！
> 🧒：えびちり，えびチャーハン，えびサンド，えびカツ！
> 👧：年間で100尾も食べているの？？信じられない！！

天災か？人災か？えび消費大国日本とスマトラ地震

──自然災害から私たちが学ぶこととは？──

①次の問題にチャレンジしてみよう！

問題①：下の語句の共通点はなんだろう？

> クルマ　サクラ　ボタン　ブドウ　ウチワ　タイショウ　答え：

問題②：皆さんが知っている（　　　　）料理を10個書いてみましょう！

問題③：現在の日本人は１年間に何本の（　　　）を食べているでしょう？

（　①50尾　　②100尾　　③150尾　）

②私たちが口にする（　　　）はどこから来るのだろう？教科書，資料集，
**　タブレットから輸入先を調べて下の円グラフを完成させてみよう！**

1位（　　　　）2位（　　　　）3位（　　　　　）
輸入率は（　　　　）％

私たちが口にするえびは，ほとんどが（　　　　）産
日本人は世界で一番えび消費しています。

③えびの養殖はどのような場所で行われているのだろう？インドネシアを事
**　例にどんな場所で行われているか教科書や資料集，地図帳，タブレットを**
**　参考に調べてみよう。また環境面での課題についても考えてみよう！**

どんな場所で行われている？

環境面での課題は？

④次の文章を読んで，えび消費大国に暮らす私たちと2004年に起きたスマトラ地震の関係を理解しよう。

2004年12月26日，インドネシア共和国スマトラ島アチェ州沖でマグニチュード9.0の巨大地震が発生し，地震規模は1900年以降，４番目の大きさだった。これにより発生した大津波が，インドネシアをはじめとする周辺国にまで被害を拡大させ，死者数は22万にもなった。ある研究者は，この大震災は「人災」の側面があるという。「これまでマングローブを切り開いて，日本にえびを輸出するために大量の養殖池を作った。もし，マングローブが残されていれば，津波の被害は半分まで防ぐことができただろう。これは人災だ」とJICA関係者に語ったのだ。実際に，東京海上日動リスクコンサルティングの株式会社の「インド洋津波被害とマングローブ」の調査報告書によると，海岸にマングローブ林があったところでは，津波被害が軽減されており，マングローブ林が津波防災に貢献していたことを発表している。マングローブ林はまさに自然の防波堤だったのだ。私たち日本人がえびの消費を求め続けた結果，インドネシアのマングローブ林は伐採され，環境面でも防災面でもリスクを高めていたことを忘れてはいけない。

⑤えびを大量消費する私たち日本人とスマトラ地震の関係から考えたことや今日の感想について発表しよう。

スマトラ地震は（　天災　・　人災　）だと思う。

2 **日本がえびをどこの国から輸入しているかを調べる。**

　日本はえびを90％以上輸入していることや，そのうち70％近くがベトナム，インド，インドネシアからの輸入であることを確認します。

> 😊：日本がえびを輸入している国を調べて，円グラフにまとめてみよう！
>
> 😊：ベトナム，インド，インドネシアが多いね。ほとんど輸入だよ。
>
> 😊：アジア諸国がほとんどだ。

3 **えびの養殖がどこで行われているかインドネシアを事例に理解する。**

　地図帳を使い，インドネシアの場所を確認します。その後，えびの養殖の様子をタブレットを活用して検索します。またマングローブ林を伐採する様子なども紹介すると良いと思います。

> 😊：インドネシアの場所はわかった？どんな場所でえびは養殖されている？
>
> 😊：教科書には，えびはマングローブを切り開いて作った養殖池で生産されているって記述があります。写真もありました。
>
> 😊：マングローブの伐採は，温暖化の加速や生態系にも影響が出る。

4 **えびを大量消費する日本人とスマトラ地震の関係から考えたこと発表する。**

　スマトラ地震が天災なのか？人災なのか？自分の意見を考えさせます。

> 😊：人災だと思う。そして私たちの問題でもある。生産国にどのような影響を与えているのかはしっかりと知ることが大事だとわかった。
>
> 😊：自分に関係しているってことがわかれば，危機感をもつので，まず知ることが大事だと思います。

④ 子どもの育ちをとらえるポイントとフィードバック

　えびは私たちにとって身近であるために，スマトラ地震との関係を知り，衝撃を受ける生徒も多くいました。ここでは，ある生徒の感想を紹介します。

　マングローブ林を壊して，日本に輸出するために，えび養殖池を作り続けた結果，スマトラ地震では津波被害が大きくなってしまったということを聞いて衝撃を受けました。これは，明らかに人間によって起こされた人災だと思います。そして一番ショックなことは，今までその事実を知らずに平然とえびを食べていたことです。何も知らずに，環境破壊や災害の拡大に加わってしまっていたということが，とにかく悲しいです。もちろん，私たちがえびを全く食べなくなると，それはそれでベトナムやインドネシアの方々の収入に影響が出るので難しい問題だけれど，もっと違うやり方があったのではないかと考えてしまいます。ベトナムやインドネシアなどの途上国にとって，一億人以上の人口がいて，一年に100尾もえびを食べる人がいるのだから，どんどん養殖池を作って生産しようとなるのは自然なことだと思います。輸入する側として私たちも考えなくてはいけない問題だと思いました。

　後日，ある生徒から「昨日の夕飯にえびが出て，複雑な気持ちで食べました。でも，授業で習ったことを夕飯で話題にして家族にも知ってもらいました」と報告を受けました。学習を自分ごととして落とし込んだ結果の行動だと思います。そういった姿が見られたことも大きな収穫だったと思います。

参考文献 ─────────────
・村井吉敬著『エビと日本人』岩波書店，1988年
・村井吉敬著『エビと日本人Ⅱ』岩波書店，2007年
・東京海上日動リスクコンサルティング株式会社「インド洋津波被害とマングローブ」2005年

5 航空機の工場を作るとしたら ドイツ？ポーランド？

1 教室を熱狂空間にするポイント①

「本物の社会課題と出会い，自分ごととして考えさせる」

　EUが抱える課題として域内の経済格差の拡大があげられます。2004年以降にEUの東方拡大が進むと，英語圏であり社会福祉が手厚く，所得水準も相対的に高いイギリスを目指す移民が増加しました。その結果，イギリスでは失業率が上昇したり，同じ職種のイギリス人の賃金が下がったりするなどの問題が発生し，これらの要因もあって2020年には国民投票の結果，イギリスのEU離脱が決まりました。この労働力の自由化は，EU最大のメリットの一つでありながら，地球的課題を生み出すデメリットの一つでもあるというのが現状です。そして，このようなEUにおける平均年収の格差や雇用機会を求める人口移動の現象がもたらす問題は，私たちが暮らす日本においても例外ではなく「東京一極集中」もその一つと考えることができると思います。一部の場所に「人」が集まることで他の場所では労働力が不足したり，高い技術や能力をもった優れた人材が流出したりすると地域の発展を妨げる要因にもなると思います。授業ではEUの課題を日本との共通点と関連させながら捉えることで，自分のこととして考えさせることが大切です

> **授業メモ**　授業では，EUのメリットを丁寧に説明しながらも「人口や産業が一か所に集中するとどんな利点や課題が生まれるかな？」や「日本でもそういうケースはあるかな？」など共通点を出しながら考えさせると良いと思います。

② 教室を熱狂空間にするポイント②

「虫の目・鳥の目・魚の目から多角的に物事を考えさせる」

　ここでは，「平均収入にはどれくらい差があるのかな？」「東ヨーロッパでの労働力不足はどの程度深刻なの？」「工場を東に作ることで，西ヨーロッパの人々に与える影響は？」「作業効率はどちらが良いかな？労働力は集まる？」「東ヨーロッパに工場を作るとしたらアメリカとの競争に勝てるかな？」など多面的・多角的な視点から，ドイツとポーランドのどちらに工場を作ることが，最善の選択なのかを「EU 全体」，「ドイツ」，「ポーランド」とそれぞれの周辺国の立場に立ちながら多面的・多角的に物事を捉え，自分たちの納得する解を考えることが大切です。

> **授業メモ**　授業では，「自分が東ヨーロッパ或いは西ヨーロッパの人々だったら，ドイツとポーランドのどちらで働きたい？」「現在，東ヨーロッパに工場を移転する動きはどれくらいあるのかな？それは，どこの国の，どんな企業の工場かな？」など声をかけながら学習を深められると良いと思います。

③ 授業展開プラン

1 教科書からエアバス社の航空機の製造における国際分業を理解する。

　エアバス社の航空機を見て，気がついたことを共有し，フランスのトゥールーズやドイツのハンブルグの場所を確認する。

> 😀：エアバス社の航空機を見て気がついたことはありますか？
>
> 👧：胴体はフランスやドイツで作られている。エンジンはイギリスで作られている。
>
> 👧：部品は分業して，各国で生産し，フランスのトゥールーズで組み立てられている。EU だからこその取り組みだね。

航空機の工場を作るとしたらドイツ？ポーランド？

―EUにとって，最善の選択はどちらだろう？―

①エアバス社の航空機の部品はどこの国で作られていますか？

航空機の開発は国を超えた協力体制がとられています。各国のメーカーの専門的な技術を生かして国際的な分業がなされているわけです。

②そもそも，なぜヨーロッパは大型旅客機を国際分業しているのだろう？これまでの学習内容や教科書や資料集を参考にして，予想を立ててみよう！

予想：
_____

_____

考える際のヒント

・EUのメリットを振り返ってみよう	・地形に着目してみよう
・EUとしてまとまることのメリットは？	・作業効率はどうかな？

答え：
_____

_____

③ EU内に航空機メーカーの工場を作るとしたら，ドイツ？それともポーランドに作る？ EUにとって最善の選択肢はどちらだろう？

　　あなたは，EUを代表する欧州委員会の委員長です。航空機などを生産する先端技術産業に力を入れたいと考えています。現在のEUは，域内の経済格差が拡大しており，補助金を出すなど対策をとってきましたが，上手くいかず，大きな課題となっています。また，先端技術産業の一つである航空機分野では，世界の航空機市場をアメリカと二分するなど互角の状況にあり，少しでもリードしたいと考えています。そこで，日本の国内外における工業モデルなども参考にしながら，新たに最先端の航空機の工場をドイツかポーランドに建設しようと考えています。あなたは，ドイツとポーランドのどちらに工場を建設したほうが良いと思いますか？メリット，デメリットを整理してから，班で議論し，答えを出してください。

工場をドイツにするメリット	工場をポーランドにするメリット

【教科書・資料集・地図帳・タブレットから参考にしたいポイント】

- ・交通（道路，水運）など利便性が良いのはどちらだろう？
- ・石炭や鉄鉱石などの資源はどちらの国が獲得しやすい？
- ・労働者に支払う金額はどちらが，どれくらい安い？
- ・EUの補助金は，どちらの国が受けることができる？
- ・工場がポーランド側にできることで解決される問題は何だろう？
- ・ヨーロッパの中で最も工業が発展している場所はどこだろう？
- ・日本のトヨタ自動車など，工業が発展する地域にはどのような工夫が あるだろう？
- ・日本の企業は，なぜ東南アジアに工場を移転しているのだろう？

班の意見：

★あなたは航空機メーカーの工場をドイツに作りますか？それともポーラン ドに作りますか？

私は，（　ドイツ　・ポーランド　）に作ります。

2 EU が大型旅客機を国際分業している理由について理解する。

　EU では先端技術産業が成長しており，新しい航空機の開発に向けて国を超えた協力体制がとられていることを確認します。

　😊：なぜ EU は，大型旅客機を分業しているの？

　😊：EU 域内は，パスポートも必要ないし，関税もかからないから自由に物資の運送ができるからだと思います。また，ドイツは国際河川があって水運を利用できるからかな。

　😊：国際分業で協力しているからだと思う。各国で効率よく部品を作ることで大国アメリカに競争力で負けないようにしていると思う。

　😊：部品を分担した方が作業効率は絶対いいからね。

---

3 EU 内に航空機メーカーの工場を作ると仮定して，ドイツとポーランドのどちらに作るか議論する。

　教科書を読んで，EU 内の経済格差が大きな課題になっていることや，それに一因してイギリスが EU を脱退したことなどを説明しながら，多様な立場に立ってどちらに工場を建設することが良いかを考えさせます。

　😊：みなさんは，ドイツとポーランドのどちらに工場を建設したほうが良いと思いますか？

　😊：私はドイツがいいと思う。アメリカとの競争に勝つためには交通や原料など条件が揃っている場所で作る方が効率がいい。

　😊：私はポーランドが良いと思う。ドイツとポーランドでは平均年収が 3 倍から 4 倍も違う。そう考えたら西ヨーロッパに移動する人がいるのは当然のことだと思う。地方の人が東京に移住するのと同じ。経済格差をなくすためにはポーランドやハンガリーに工場を作った方がいい。

---

④ 子どもの育ちをとらえるポイントとフィードバック

　授業は，EU の地域課題の解決に向け想像以上に白熱します。ここでは，ある生徒の感想を紹介します。

> 　今回の授業は単元を貫く問いである「10年後の EU の未来は拡大か？縮小か？」の答えを考えるヒントがたくさんありました。私は，ポーランドに工場を建てた方が良いと思いました。なぜならイギリスが EU を脱退した理由に，移民や難民の流入により失業率が高くなったことを知り，同じ理由でドイツが EU を脱退する可能性があると思ったからです。EU の未来が縮小に向かっていくことは，危険だと思います。EU 設立の理由を勉強したように，ヨーロッパの平和が崩れることは世界にとっても悪い影響が大きいと思うからです。だからこそ，東ヨーロッパの国々の成長が必要で，経済格差をなくしていく取り組みが大事だと思います。ポーランドは補助金も多くもらっていることが資料からもわかります。安い賃金での労働力も獲得できる状況にあります。日本が海外に工場を移転して，市場を拡大させたように EU でも東ヨーロッパに工場をより活発に移転させることで，EU の未来は縮小することなく維持されるようになると思います。

　「ドイツのような出生率が低い国だったら移民が来てくれた方がいい」や「東ヨーロッパが発展すれば，過度な人口移動はなくなる」など様々な声が上がるなど議論が活発にされました。また日本の過密・過疎化と関連づける生徒もおり，多面的・多角的な視点をもって学習を深めることができました。

参考文献
・田中龍彦『活動する地理の授業① - シナリオ・プリント・方法』地歴社，2020年
・『中学校社会科のしおり2022年度後期号』帝国書院，2022年

6

地理的分野 ▶ **世界の様々な地域　アフリカ州**

なぜベナンの小学校では，学年が 上がると生徒数が減っていくのか？

1 教室を熱狂空間にするポイント①

「本物の社会課題と出会い，自分ごととして考えさせる」

　近年のアフリカは，超加速度的な経済成長やスタートアップ企業の台頭など注目を集めています。高層ビルの建設や鉄道，携帯電話などのインフラ整備も急激に進んでいます。西アフリカにあるベナン共和国も例外ではなく，経済首都コトヌーではフランスの大型スーパーで買い物ができたり，おしゃれなカフェを楽しめたりすることも今では珍しくありません。しかし，経済的に不安定な貧困地域が多いのも事実です。筆者は2018年から2020年までコトヌーから4時間離れた場所にあるベナン共和国のザポタ市で JICA 海外協力隊として活動してきました。任期中には，小学校の授業料1万4000円を払うことができずに，夜な夜な泣いて悩むベナン人の姿や，フランス語を理解することができず，学校を途中でドロップアウトしてしまう子どもたちの姿を目の前で見てきました。この経験をもとに授業では，「なぜベナンの小学生は学年が上がることに人数が減るのか？」をテーマに，奴隷貿易や植民地支配がもたらした今にも続く多様な課題を「学校」という身近な場所を題材にすることで，自分ごととして考えさせたいと思います。

> **授業メモ**　授業では，スライドにある日本の ODA で建てられた小学校を紹介したり，学校での様子を見せたりしながら，自分たちと変わらない同じような学校生活を送っていることを理解させられると良いと思います。

② 教室を熱狂空間にするポイント②

「虫の目・鳥の目・魚の目から多角的に物事を考えさせる」

　授業では，「もし小学校一年生からフランス語で授業をされたら，みんなはどう？」「進級試験に落ちたら，学校続ける？それとも辞めて働く？」「クーラーも電気もない教室で勉強できる？」など現地の子どもたちの状況から感情を想像し，「自分だったら」という視点で考えさせることが大切です。また，「学校に行けなくなると，どうなるの？」のワークショップでは，学校に行けなくなることで起こりうるリスクだけを理解するのではなく，どうすればその貧困の連鎖を止めることができるのか，仲間と意見交換や議論をしながら自分たちの「納得解」を導き出すことが大切です。

> **授業メモ**　授業では，スライドで教室の写真を活用し，黒板に書かれているフランス語を見せたりしながら，植民地支配が今もなお影響をもたらしていることを理解させると良いと思います。また，教室の子どもたちの人数や時間割の違いも紹介できると良いと思います。

③ 授業展開プラン

1 ベナン共和国の小学校の写真から，生徒の数が減っている理由を考える。

　小学校2年生，4年生，6年生の写真を提示し，なぜベナンの小学校では学年が上がるにつれて生徒数が減っているのか，自由に話し合い予想をまとめます。

> 😊：2年生では70人も生徒がいたのに6年生では10人？なぜ？
> 😊：なぜだろう？転校したとか？
> 😊：新しく学校が近くにできたからかな？

なぜベナンでは学年が上がるにつれて生徒が減るの？

―学校に行けないと，どうなるの？―

①下の写真は西アフリカにあるベナン共和国のある地域の小学校の写真です。この学校では学年が上がるにつれて生徒の数が減っているようで，他の学校にも同じ傾向が見られるそうです。なぜでしょう？予想を書いてみよう。

小学校２年生（70人）（筆者撮影）

小学校４年生（30人）（筆者撮影）

小学校６年生（10人）（筆者撮影）

予想：

②次の表は，ベナンのある小学校の２年生の１日の時間割です。なぜフランス語の授業があるのでしょう？

【１日の時間割】

午前	1	フランス語
	2	フランス語
	3	算数
	4	算数
昼	12時〜15時	
午後	5	理科
	6	体育

なぜフランス語の授業があるのだろう？
　　　　　　　　　　　　　　　　　　　　
　　　　　　　　　　　　　　　　　　　　

※ベナン共和国では，フランス語の授業があり，小学校一年生からすべての教科はフランス語で実施されます。また一年ごとに進級試験があり，落第もあります。

★アフリカで使用されているヨーロッパの国の言語には他に何語がありますか？教科書から調べてみよう！

（　　　　　　　　）語　　（　　　　　　　　）語　　（　　　　　　　　）語
（　　　　　　　　）語　　（　　　　　　　　）語　　（　　　　　　　　）語

③下の表は，ベナンのある小学校の就学率と卒業率です。なぜこんなに卒業率が低いのだろう？教科書の内容を確認してから次の文章を読んで，【植民地・貧困】という言葉を使って説明してみよう。

就学率は（　　　97　　　）％	卒業率は（　　　60　　　）％

ベナンにはウィダという奴隷貿易が行われていた場所がある。当時，人口の３分の１が南北アメリカ大陸に奴隷として連れて行かれ，ほとんどが20代から30代の男性だったため，国の発展が著しく遅れ，現在の貧困に繋がっているという。またベナンの現地語は，10以上あり同じ国民でも地域によってはコミュニケーションが難しい場合もある。そのような状態にもかかわらず，民族のまとまりを考えずヨーロッパの国々が国境線を決め，結果的にフランスに植民地化されたため，ベナンではフランス語が使用されている。もしみなさんが，小学校１年生からフランス語で授業を受けると考えたらどうだろう？簡単な算数の問題ですら解くことが難しいはずだ。ベナンでは，授業料の１万4000円を払うことさえ，躊躇う家庭も多い。教育を受けるというのは贅沢なことなのだ。

④学校に行けなくなると，どうなるの？ワークショップ

さて，学校に行けなくなるとどうなるのでしょう。学校に行けないことを想定して，学校に行けないことにより生じる問題を考え，その問題から順々に派生する問題へとつなげていこう。「原因→結果」になるようにつなげよう。例：「学校に行けない」だから「○○になる」

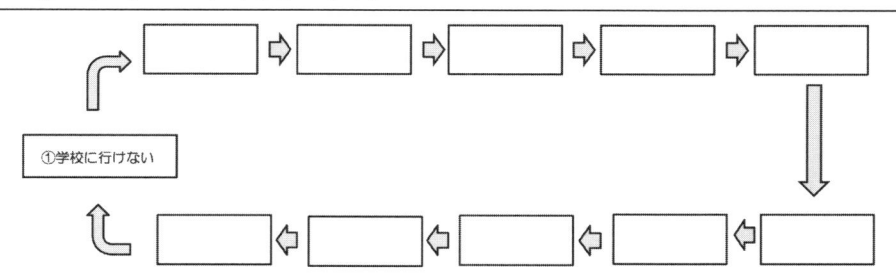

①学校に行けない

A 収入が少ない　　　　B 仕事ができない　　　C 十分な栄養がとれない　　　D 学校に行く時間がない
E 読み書きができない　　F 子供が親の手伝いをしなくてはならない　　　　G 収入の安定した仕事に就けない
H 病気になりやすい　　I 食料が買えない　　　J 働くための技術や能力が身につかない

この連鎖はどこでどうすれば断ち切れる？：

2　ベナンの小学校の２年生の１日の時間割を見て日本との違いを理解する。

　ベナンではフランス語の授業が毎日あり，これは日本でいうところの国語にあたります。なぜフランス語があるのか植民地支配と関連させて理解させることが大切です。

> 😊：ベナンの時間割見て気がついたことは？
>
> 😊：フランス語の授業がある。しかもすべての教科でフランス語だって。
>
> 😊：なぜフランス語の授業があるのかな？他の国もフランス語？
>
> 😊：フランスの植民地だったから。英語とかスペイン語の国もある。

3　ベナンの小学校の就学率と卒業率を比較し，理由を考える。

　提示された文章を読んで，就学率と卒業率になぜ大きな違いがあるのか「植民地・貧困」という言葉を使って説明させます。

> 😊：なぜ就学率と卒業率に差があるのですか？
>
> 😊：貧困の原因に400年前の奴隷貿易がまだ影響している。
>
> 😊：民族のまとまりを無視した植民地支配も大きな理由だ。公用語はフランス語でなければならない理由はなかったはず。

4　「学校に行けなくなるとどうなるのか？」のワークショップを実施する。

　グループになってワークショップを実施する。また貧困の連鎖がどこでなら断ち切ることができるのかを話し合えると良いと思います。

> 😊：最初は読み書きができないになるよね。
>
> 😊：読み書きができないと，働くための技術や能力が身につかない？
>
> 😊：次は，収入の安定した仕事に就けない？

④ 子どもの育ちをとらえるポイントとフィードバック

　同じ年代の子どもたちが抱えている課題について，自分との比較から考えさせることが大切です。ここでは，ある生徒の感想を紹介します。

> 　単元を貫く問いの予想が，今日の授業で大きく変わった。1時間目に学んだアフリカ諸国の就学率，識字率，乳児死亡率，GDP成長率の驚異的な伸び率やナイジェリアなど各国の大都市を見て，もうアフリカに支援は「不要」だと思っていたけれど，ベナンのように経済的に不安定の地域がまだまだ多くあることを知って考えが変わりました。特に言葉の影響は大きく，もし自分が小学校一年生からフランス語で授業を受けていたらと考えると想像を絶すると思います。日本で生まれ，日本語で勉強できたことを今日以上に感謝したことはありません。自分たちの言葉を持っていない国があることなんて今まで気にしたこともなかったので，知ることができてよかったです。また，やっぱり学校で基礎的なことを習得しないと，十分な収入がもらえる仕事にはつきにくいと思いました。授業で話題に出たバイクやトラックの運転手くらいしかできないとやっぱり厳しいと思うので，どんな支援ができるのかについてもう少し自分なりに考えていきたいと思います。

　授業は，「今のアフリカの状況は先進国の責任」「言語を奪われるって，本当に大変」「植民地支配は終わってない？」など湧いてきた疑問を追究しようとする生徒の姿が見られました。まずは「知る」ことが大切です。事実を隠さずに伝えることから本物の学びが始まると思います。

参考文献
・JICA『国際理解教育実践集～世界を知ろう！考えよう！』独立行政法人国際協力機構JICA地球ひろば，2013年

スマホでつながる「私」と「アフリカ」

1 教室を熱狂空間にするポイント①

「本物の社会課題と出会い，自分ごととして考えさせる」

　みなさんは，私たちの身近にあるスマートフォンやタブレットが「アフリカのある国の内戦」と関係があるかもしれないと知ったら，どう思いますか？コンゴ民主共和国（以下コンゴ）では長い間，政府と武装勢力との間で内戦が続いています。武装勢力は，鉱物資源（レアメタル）を資金源として武器を購入し，内戦を続けてきました。そして，その「鉱物」は，私たちが使用しているスマートフォンやタブレットの部品の一部として紛れ込んでいる「かもしれない」のです。コンゴで採掘された鉱物は，世界各地で産出された他の鉱物と混ざり，スマートフォンやタブレットなどの電子機器を製造するための原料として，市場に流通してきました。つまり，私たちが今後も，スマートフォンやタブレットなど「便利な生活」を追い求めれば求めるほど，コンゴでも鉱山開発が活発化し，それにより内戦が激化したり，人権侵害や環境破壊がされたりするリスクが高まるかもしれませんというわけです。遠く離れたコンゴ民主共和国の内戦が，実は私たちの生活とつながっています。だからこそ，この地球的課題を自分ごととして考えることが大切です。

> **授業メモ**　例えば，広島や長崎の原爆にはコンゴで採掘されたウランが使用されていたことや，欧米の鉱山会社が鉱山を未だに管理していることなどにも言及することで，生徒の興味関心，疑問をより引き出せると思います。

② 教室を熱狂空間にするポイント②

「SEL の視点から最適解ではなく納得解を考えさせる」

　授業では，「スマートフォンやタブレットを使わない方がいいの？」「レアメタルなしで社会が成り立つのか？」など感情が葛藤する場面が見られると思います。自分たちが当たり前のように資源の恩恵を受けていた一方で，内戦で苦しむ人々や鉱山開発の強制労働を強いられた人々がいることにも着目しながら，この問題を解決するための「納得解」を考えさせることが大切です。例えば，自分たちが消費者として買う商品の中には「どのようなものが使われ，それがどのようなところから来ているのかを確認して購入する」こともこの問題に加担しない一つの方法でしょうし，すでに出回っている資源の再利用を加速させることも有効な手段の一つだと思います。多様な視点から解決策を考え，自分にできることを考えることが大切です。

> **授業メモ**　例えば，東京オリンピックでは，使用済み携帯電話など小型家電の中に眠っている金属を集めることでアスリートに授与するメダルを製作する「都市鉱山から作るみんなのメダルプロジェクト」が行われていました。そのような事例も紹介できると良いと思います。

③ 授業展開プラン

1 アフリカの国々にある鉱山資源について教科書や資料集を参考に調べる。

　教科書や資料集を参考に，銅，コバルト，プラチナ，原油，ダイヤモンドなどの鉱山資源が豊富にある国と国の位置を確認します。

> 👧：原油はナイジェリアが多いね。ギニア湾の上に位置しているよ。
> 👦：ザンビアには銅がある。10円玉の銅もザンビアから輸入だって。

スマホでつながる「私」と「アフリカ」

―なぜ資源が豊富なコンゴ民主共和国で貧困が起きるの？―

①アフリカの国々にはどのような鉱産資源があるのだろう？教科書・資料集を見て確認してみよう！

資源	国名	資源	国名
銅		原油	
コバルト		ダイヤモンド	
プラチナ		マンガン	

近年はスマートフォンなどに使われる（　　　　　　）が注目され，採掘が進んでいます。**スマートフォンに使われるレアメタルのコバルトは世界の半分をコンゴ民主共和国**が埋蔵しています

②コンゴ民主共和国にはどのくらいの資源があるの？また，国の発展レベルや貧困の度合いをはかる「人間開発指数」は何位だろう？

資源の数		人間開発指数	

③なぜ，コンゴ民主共和国は資源が（　　　）なのに（　　　）なのか？

予想：
⋯⋯⋯

資料1（筆者作成）

資料2

ヒント1：コンゴでは長い間，紛争が続いている。

ヒント2：外国勢力や反政府勢力はコンゴにあるあるものに関心がある。

ヒント3：武装勢力はあるもので武器を調達するための資金を得ている。

資料１と資料２を手がかりにコンゴ民主共和国が貧困の理由を班で話し合って、考えてみよう！

理由：

④**コンゴ民主共和国の紛争は，私たちには関係ない話だろうか？下の文章を読んでから，自分の意見を書いてみよう！**

> **世界で最も豊かでありながら，世界で最も貧しい国がコンゴ民主共和国**
>
> みなさんは，アフリカの世界大戦と呼ばれるコンゴ紛争を知っているだろうか？600万人以上の犠牲者を出し，現在も続いている世界最悪の紛争だ。この紛争には天然資源が大きく関わっている。資源が豊富であれば，国も豊かになるはずだと思いがちだが，話はそう簡単ではない。資源から得られる富を一部の権力者が独占したり，資源獲得を目的に外国政府や外国企業が巧妙に政治に介入したりするため，富の再分配が十分に行われないのだ。結果として貧富の差は拡大し，武装勢力との間に内戦が起きている。そして，複雑なことに，この鉱物資源が武装勢力の資金源となっており，ここで採掘された鉱物は世界のどこに流通しているかわからないのだ。コンゴにはコバルト，タンタル，スズといった**レアメタル**が豊富に存在する。特にコバルトは世界全体の埋蔵量の約70％近くがコンゴに集中しており，電気自動車のリチウム電池，スマートフォン，パソコン，君の大好きなゲーム機など私たちの生活に欠かせないものに多く使われている。そういった鉱物によって作られた電子機器によって私たちは便利な生活を送ってきたのだ。私たちが「もっと，もっと」とスマートフォンなどの電子機器を求めれば求めるほど，鉱物資源の需要や価値は高まり，それに伴って紛争が起きるリスクも高まっていくということを…

私たちに，関係が（　　あ　る　・　な　い　）と思います。

2 コンゴ民主共和国の資源の種類と人間開発指数の順位を理解する。

コンゴ民主共和国の鉱山資源は31もあり，鉱山資源大国であるが，国の発展レベルを示す人間開発指数は178位であることを理解させます。

> ：コンゴの鉱山資源は31もあります。経済は豊かだと予想できますか？
>
> ：資源が多い方なので，経済的に豊かだと思います。
>
> ：では人間開発指数を見てみましょう。178位です。
>
> ：貧しいってこと？なぜ資源が多いのにこんなに順位が低いの？

3 なぜコンゴ民主共和国は資源が豊富なのに貧困なのか理由を考える。

提示された二つの資料を参考にして，資源が豊富にも関わらず貧困が起きている理由を話し合い，グループで意見をまとめます。

> ：なぜ資源が多いのに貧困なのですか？資料から分かることは？
>
> ：鉱山資源をお金に変えて，武器を購入しているってこと？
>
> ：それで内戦をしている？鉱山資源は誰が買うんだろうね？

4 コンゴ民主共和国の紛争は，私たちには関係ない話かを考える。

資料を参考にしながら，コンゴ民主共和国で紛争が起きていることと，自分の生活との関わりに気づかせると良いと思います。

> ：コンゴ民主共和国で起きている紛争は,私たちと関係はありますか？
>
> ：スマートフォンやタブレットに鉱山資源が使用されていることを初めて知った。これは自分たちと繋がっていると思う。
>
> ：私たちが，鉱山資源の一つであるコバルトを必要とすればするほど，武装勢力は武器の購入を容易にできるし，資金も充実するってこと？

④ 子どもの育ちをとらえるポイントとフィードバック

　スマートフォンやタブレットは生徒にとって身近なものです。それがコンゴ民主共和国の内戦と繋がっているかもしれないわけですから，衝撃を受ける生徒も多いです。ある生徒の感想を紹介します。

> 　アフリカ州の単元を貫く問いは「アフリカには本当に支援が必要か？」というものだったけれど，アフリカをどうにかする前に，私たちの考え方やあり方を見直すことが結果として一番の支援になると思う。正直，スマートフォンやノートパソコン，タブレット，ゲーム機，デジカメ，テレビも？アップルウォッチも？全部レアメタルが使われていて，まさかそれが内戦につながっていることなんて考えもしなかった。こういう事実が知れただけでも，今回の授業は受けて良かったと思う。だけど，スマートフォンやタブレットを全く使わない生活は無理だから，せめても，コンゴ内戦の武装勢力側に加担しないようにするために具体的に何をすればいいのか考えたい。そしてもう少しこういう事実を知らせる特集とか CM とかを日本で流して欲しいと思う。知るきっかけが少ないし，もっと社会が関心を持っていい大きな問題だと思う。知らないまま大人にならなくて本当に良かったと思う。

　授業後には，「知らず知らずの間に問題に加担するのは嫌だ」という声が多くありました。社会問題というのは人々に認知されて，はじめて社会問題になります。だからこそ，まず「知る」ことが必要で，関心を持ち続けられるように，できることから取り組むことが大切だと思います。

参考文献 ————————————
・原貫太著『あなたと SDGs をつなぐ「世界を正しく見る」習慣』KADOKAWA，2021年

8 東京一極集中，どう解決する？

1 教室を熱狂空間にするポイント①

「本物の社会課題と出会い，自分ごととして考えさせる」

　2024年の「人口戦略会議」によると，日本全体の4割にあたる744の自治体が人口減少により将来に消滅する可能性がある「消滅可能性都市」であることが指摘されています。また，地方の過疎化が進む一方で，人口が流入する大都市では，過密化による問題に加え，過密する自治体の出生率の低下が顕著になっていることが問題視され，東京では出生率が「0.99」を記録するなど，少子化の加速が懸念されています。その中でも，首都東京は大規模災害発生時の被害やそれに伴う首都機能の不全，満員電車などの混雑や交通渋滞，大気汚染など**「東京一極集中」**の解決は先送りできない社会課題となっています。授業では，参勤交代による単身赴任や出稼ぎにより江戸時代から東京が大都市であった歴史や，再開発やニュータウン設立など過密問題への対策を施してきたことを理解した上で，なぜ東京に人口が集中するのか，また問題を解決するためにはどのような政策が有効なのか，解決することで東京にも地方にもたらされるメリットは何かを話し合いながら持続可能な社会の形成に向けて，自分のこととして考えさせることが大切です。

> **授業メモ**　授業では，「なぜ東京に人が集まるのか？」と過密の原因に迫りながら，「地方に機能を分散しない理由はなぜ？」「政治や経済の視点以外で考えられる過密の原因は？」など多面的に考えさせると良いと思います。

② 教室を熱狂空間にするポイント②

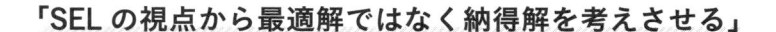

「SELの視点から最適解ではなく納得解を考えさせる」

　授業では，ダイヤモンドランキングを作る過程で，「首都直下型の地震に備えて，首都機能は分散しておいた方がいい。今のままでは，東京に地震が来たら日本全体が機能しない」「地方に住みたい人も多いと思うけれど，仕事に縛られて動けない人もいるから，テレワークや在宅勤務をどんどん認めてあげれば良いと思う」「そう考えると終身雇用制も廃止したらどう？転職のハードルが下がるといいね」「子どもの大学の学費が無償化されれば，地方に行きたいよね」など人々の様々な感情を共有しながら議論を進め，自分たちの「納得解」を考えることが大切です。また，東京一極集中が解消されることで東京と地方にもたらされるメリットについても整理させると，より学習が深まると思います。東京でも地方でも，自分にとってメリットの大きい方に住むことができるように「選択肢」があることが大切だと思います。

> **授業メモ**　授業では，「自分はどういう条件だったら地方に行きたいと思う？」「東京にはない地方だから得られるメリットはないかな？」など自分のこととして考えさせることが大切です。

③ 授業展開プラン

1 クイズを通して，東京に人口が集中している現状を理解する。

　参勤交代や出稼ぎのため，江戸時代から東京は大都市であったことや，現在も世界で一番の過密都市であることを確認します。

> 🧑：江戸時代も100万人以上の人がいたんだ。そして今も1位だって。
> 🧑：日本の人口の10%が東京にいるって教科書に書いてあるよ。

東京一極集中，どう解決する？

―ダイヤモンドランキングを通して，東京の一極集中解決案を考えよう―

①次のクイズにチャレンジしよう！

問題①：江戸時代，当時の人口は100万人以上おり，江戸は大都市だった。

（　　○　・　×　）

問題②：現在も世界の大都市圏ランキングでは，東京 - 横浜が１位である。

（　　○　・　×　）

問題③：日本の人口の10％が東京の人口である。

（　　○　・　×　）

> 神奈川，千葉，埼玉，茨城など東京の周辺の県にかけて広がった（　　　　　　　）に日本の人口の３割が集中し，（　　　　）な地域になっています。また横浜市や川崎市など人口が50万人を超える大都市を（　　　　　）といいます。

②なぜ東京に人が集中するのだろう？四つの視点からメリットをＸチャートにまとめてみよう！

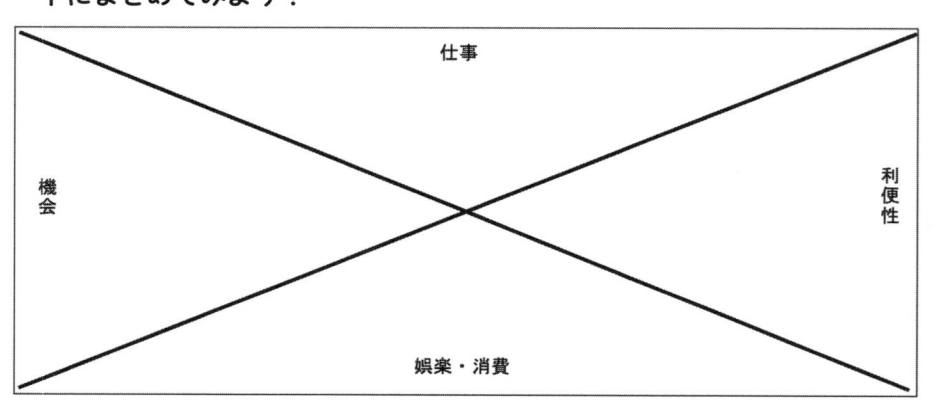

この四つの視点以外に，東京で生活することで得られるメリットはありますか？あなたの考えを教えてください。

....

....

③では，東京に人が集中することで発生するデメリットは何だろう？教科書
　や資料集を参考に書いてみよう！

④「東京一極集中，どう解決する？」次の文章を読んで，ダイヤモンドラン
　キングを作ろう！

> あなたは，東京都知事です。東京から日本を変えたいと思っていま
> す。東京一極集中を解決し，多極分散をすることで「持続可能な社会」
> の形成に貢献したいと考えています。次の選択肢の中からどの政策を優
> 先して，東京一極集中の解決を図りたいと考えますか？グループで相談
> してダイヤモンドランキングにまとめてください。

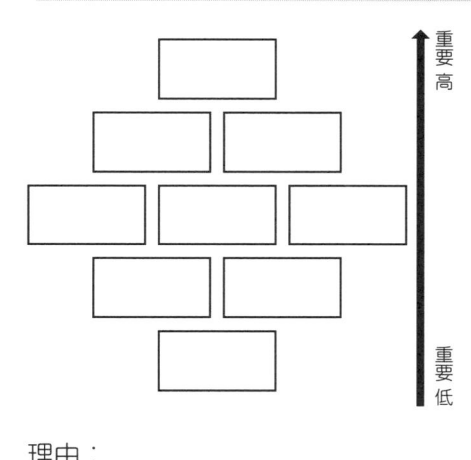

重要 高

重要 低

A 首都の移転
B 東京から首都機能を分散
C 補助金を出し企業の本社を地方移転
D 職場が東京でも地方に移住すれば在
　宅勤務やテレワークを認める
E 地方移住者には，道府県が管理して
　いる空き家を無償で提供する。
F 大学を地方に移転する
G 終身雇用制度の廃止
H 地方移住者は子どもの大学までの学
　費無償
I その他（オリジナル）

理由：

東京に人口が集中する理由を四つの視点からXチャートに整理する。

　「仕事」「機会」「利便性」「娯楽・消費」の四つの視点から，東京に人口が集中する理由を整理させます。また，その四つの視点以外でのメリットはどんなものがあるのか意見交換をします。

> 😊：Xチャートにまとめることはできましたか？
> 😊：やっぱり就職先が地方より多いし，賃金も高いことがメリットだね。
> 😊：好きな服を買えるショップが多いし，遊ぶ場所もたくさんある。

3 **東京に人口が過密することで発生する問題を考え，理解する。**

　教科書や資料を参考にして，東京に人口が過密することで発生する問題を話し合い，グループで意見をまとめます。

> 😊：東京に人口が過密することで起きる問題は何ですか？
> 😊：満員電車。朝はすごく混雑していて，通学も一苦労だよね。
> 😊：確かに電車が止まるだけで，何万人にも影響出るよね。

4 **ダイヤモンドランキングを通して，東京一極集中の解決案を議論する。**

　「どんな解決策なら一極集中を解消できるか？」「自分だったらどうするか？」など議論を通して様々な意見に触れることが大切です。

> 😊：一極集中を解消するために何が大切だと思いますか？
> 😊：大学の移転が必要だと思う。若い人を地方に分散させることで地域の活性化にもつながると思うから。
> 😊：私は首都を過去の統計から見て，地震の少ない道府県に移転させた方がいいと思う。過疎地域なら特に良いかな。

④ 子どもの育ちをとらえるポイントとフィードバック

　過疎と過密の問題はどの地域に住む生徒にとっても身近な問題として考えることができると思います。ある生徒の感想を紹介します。

> 　若い人たちにとって，やっぱり東京は楽しい場所です。流行りの食べ物もすぐに食べられるし，服を買う場所が多いので，おしゃれもできます。推しのライブにも行けるし，若い人たちが東京に集まるのは仕方ないと思います。ただ，一度東京に出てきても，地方に戻れるような仕組みや選択肢を増やすことができれば良いと思います。東京で働き始めたら，その会社を辞めて，新しい職を地方で探すことは難しいと思うからです。労力も相当かかると思います。なので，東京の首都機能を地方に移したり，企業の本社を地方に移したりする方が良いと思います。実際，生活コストが地方の方が低いので，給料が変わらなければ貯金も多くできるし，その分経済的には豊かな暮らしができると思います。余暇も増やせるようにテレワークや在宅勤務もできるようにすれば，もう少しゆとりをもって生活できると思います。満員電車のサラリーマンたちはみんな辛そうです。

　授業後の教室では，「地方に仕事があって，同じくらいの収入なら地方に行きたい」「災害のリスクがあるから，首都機能は分散させるべきだ」など様々な意見が聞かれました。持続可能な社会にするためにはどうすれば良いか，アイディアを出して意見交換ができると良いと思います。

参考文献 ────────────
・増田寛也編著『地方消滅　東京一極集中が招く人口急減』中央公論新社，2014年
・市川宏雄著『東京一極集中が日本を救う』ディスカヴァー・トゥエンティワン，2015年

 地理的分野 ◀ 日本の様々な地域　近畿地方

「京」の景観を CANVA で アップデートしよう！

1 教室を熱狂空間にするポイント①

「本物の社会課題と出会い，自分ごととして考えさせる」

　京都市で，2017年から施行されている「新景観政策」は，全国的に見ても制限や規制が厳しく，先進的な取り組みであると評価されています。この新景観政策には様々な声があり，例えば「規制が強すぎて，自由な都市開発や経済活動が難しくなっている」や「京都駅を大阪や東京のようにもっと発展させる必要があると思う。大企業を誘致しても良いのでは？」といった規制緩和積極派もいれば，「高さ制限を緩和すれば地価が上昇し，一般人の生活を苦しめる」「タワーマンションが乱立すれば，人口は増えるが，京都の風情が失われる」など規制緩和反対派もいるなど市民の意見は多様です。実際の社会で議論されている社会問題として，京都市の歴史的景観を保持しつつ，経済的・社会的価値を生み出すための新たな景観を創造するためには，京都市民はもちろんのこと，日本人として京都の課題を「自分のこと」として，考えていくことが大切だと思います。また，「自分の地域だったらどんな景観が良いのか？」など発展的に考えさせることも大切です。

> **授業メモ**　授業では，「歴史的景観を保全することの意義は何だろう？」など，保全することが，地域の歴史や文化を守るだけでなく，観光などの経済効果や市民の誇り，京都市としてのブランドの維持としての効果もあることを理解させることが大切です。

2 教室を熱狂空間にするポイント②

「虫の目・鳥の目・魚の目から多角的に物事を考えさせる」

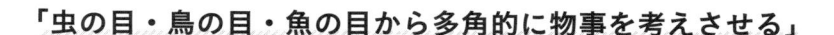

　授業では，CANVA を活用して京都市の景観にマッチしたロゴを制作していくことになります。そのため，「現状で京都の景観にはどのような問題があるのか？その問題を解決するために，なぜそのデザインを提案したのか？」「そのロゴで，何を伝えたいのか？」など，生徒がただただデザインを作り楽しむというのではなく，しっかりとした目的意識を持って制作させることが大切です。制作の前には，十分に新景観政策について読みこみ，Google アースを活用して京都のまちを探検調査しても良いと思います。完成した作品は，タブレット上でクラス共有をしてコメントをつけるなど相互評価すると良いと思います。

> **授業メモ**　授業では，「外国人の求めるもの」「京都市が進める景観政策」「外国人にわかりやすく，日本人にも受け入れられるデザイン」「歴史や文化を引き出すデザイン」など様々な視点から納得できるロゴを作成することが大切です。グループで話し合いながら作成しても良いと思います。

3 授業展開プラン

1 クイズを通して，京都のまちの特徴について理解を深める。

　市街地では平安京からの道路網が引き継がれていることや，重要文化財が京都や奈良を中心に残されていること，また日本の伝統文化に関心を持つ外国人が多いことから観光客数が増えていることを確認します。

> 👧：重要文化財は近畿地方が一番多くて，都道府県では京都が一番だね。
> 👧：外国人観光客は，円安の影響もあるから今後も増えていきそうだね。

「京」の景観を CANVA でアップデートしよう！

―景観法を参考に，古都を感じられるロゴを制作しよう―

①京都ってどんな「まち」だろう？次のクイズにチャレンジしてみよう！

問題①：京都の市街地では，南北に道路が延びており，碁盤の目のように整然と交差しているが，これは平安京の道路網が引き継がれたためである。

(　○　・　×　)

問題②：重要文化財は，地方別にみると近畿地方に最も多く，都道府県別では京都が一番多い。

(　○　・　×　)

問題③：外国人観光客数と外国人宿泊数は，今後減少していく見込みである。

(　○　・　×　)

②京都の景観を CANVA でアップデートしよう。

> あなたは，京都市の産業観光課に勤めています。近年，日本文化に関心を持つ外国人が増えていることから，京都の景観の魅力をこれまで以上に高めていきたいと考えています。まず，京都市が進めている景観政策を参考にし，次に，外国人が京都を訪れる理由をタブレットでリサーチしたのち，CANVA で京都の景観をアップデートさせたロゴを制作しなさい。また工夫したポイントなども記述知ってください。

京都市が進める景観政策	外国人が京都を訪れる理由
・地域の特性に応じて，建物の高さ制限を設ける。 ・周囲の歴史的な街並みや自然景観と調和するよう，建物の形や色を工夫する。 ・京都の優れた眺めを守るため，建	・日本らしい風景に出会いたいから。自然と調和する美しい風景が昔と変わらずあり続けるところが魅力。 ・京都には，日本の歴史や文化を体感できる伝統があるから。

物の高さや形を工夫する。 ・屋上看板や点滅式の照明を禁止し，高さや大きさなどの規制を強化する。 ・歴史的な街並みを保全するため，建物の外観の修理などに補助金を出す。	・日本らしい食べ物がたくさんあるから。 ・京都の街を歩けば，鼈甲細工や扇子など，職人技が光る工芸品や和菓子など日本らしいお土産が豊富だから。

「あなたが作成したロゴをスケッチしてみよう！」

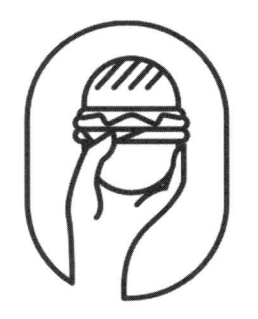

外国人にわかりやすいハンバーガー店。ロゴは小さめにします。

和食のロゴ。わかりやすくシンプルに。

ポイント：

2 **CANVA で京都の景観をアップデートさせたロゴを制作する。**

　まず，京都市の景観政策について教科書をもとに一緒に確認します。また すでに工夫されているもの（セブンイレブンやマクドナルドなど）を提示し ながら説明するとより理解しやすいと思います。次に，今後増加すると予想 される外国人観光客向けにどのようなロゴがあれば良いのかを考えるため に，外国人が京都に訪れる理由をタブレット等でリサーチします。その後， CANVA でデザインを制作します。目的意識をしっかりもって制作に取り 組みことが大切です。

> :京都市の景観政策にはどのような規制がありますか？
>
> :周囲の歴史的な街並みや自然景観と調和するよう，建物の形や色 を工夫するという政策があるようです。
>
> :「京都らしさ」を維持するため厳しい規則や制限があり，景観が 守られています。さて，今後は外国人観光客の増加が予想されて います。外国人が京都を訪問する理由について調べてから，京都 の景観をアップデートさせるロゴを CANVA で制作してみまし ょう。
>
> :どんなロゴを作成しましたか？また，なぜそのロゴを作ったのか 説明してください。
>
> :外国人の京都に来る目的の一つに和食を楽しむというものがあり ました。しかし，どの看板が和食の店なのかわからないという声 も多くあったので，和食だと一目みてわかるように，ひらがなの 「わ」とローマ字表記で「wasyoku」という文字だけをつけまし た。あまりデザインがごちゃごちゃしていると，景観にマッチし ないので，シンプルなデザインで，色も白と黒の落ち着いた感じ に仕上げました。景観制作では，建物と調和する色や形のデザイ ンに関する規定があったため，そのようにデザインしました。

④ 子どもの育ちをとらえるポイントとフィードバック

CANVAでは「なぜこのデザインにしたのか？」「自分のデザインが景観政策や京都の歴史とどのように関わっているのか？」など目的意識をもって制作することが大切です。ある生徒の感想を紹介します。

> 私は，カフェのロゴを作りました。京都で楽しみたいことの一つに「抹茶」や「カフェ」がありました。しかし，外国人が日本に来て一番困ることは言語だと思います。インターネットでは，「日本で店を探すときに，どんな店なのか判断できなく困ったことがあった」という声がたくさんあったので，その声を採用してロゴを作りました。まず，中央にコーヒーのデザインを置いて，上に英語で「CAFE」，下に日本語で「カフェ」とシンプルなデザインにしました。色は，京都の伝統的な住居のイメージと合わせて茶色をベースにしました。これは景観政策の重点事項を参考にして取り入れています。京都のような歴史的景観は，日本の伝統や文化を知ってもらう上でも大切だと思うしそれを目当てに観光に来る人もたくさんいるので，どう保全していくことが一番良いことなのか私も考えていきたいと思います。

授業後には，美術の先生のところにかけ寄り，「先生，何のロゴかわかりますか？」と自分の作品をプレゼンするなどアウトプットする生徒も見られました。やはり本物の社会課題を扱い，教室での学びが社会に生かされるかもしれないと実感することが，学習をより前向きに捉え，自分のこととして考えることができるのだと思います。

参考文献
・三橋俊雄『景観法と京都市の景観行政 - 京都市の新景観政策素案 時を超え光り輝く京都の景観づくり』デザイン学研究特集号，2007年

教室を熱狂空間にする！

中学校 歴史授業 モデル

上野動物園のサルは700万年後に人になれるのか？

1 教室を熱狂空間にするポイント①

「本物の社会課題と出会い，自分ごととして考えさせる」

「なぜ，サルが人になれたのか？」「ヒトはいかにしてヒトになっていったのか？」について考えることは，歴史を学ぶ出発点でもあり，700万年前から解明されていない現在につながる本物の課題であると捉えることができると思います。ヒトの祖先は，もともと森林で生活していたそうです。しかし，地球規模での乾燥・寒冷化が進み，森林が少なくなります。その時，森林にとどまったのが現在のチンパンジーで，乾燥したサバンナに出ていかざるをえなかったのがヒトだそうです。ヒトは，外の世界に出て，水や食料を得るために道具を作り，活用することを覚えました。また目標達成のために役割を分担し，組織で協力することを理解したりするなど，新しい困難に直面するたびに進化を遂げてきました。その結果，脳が大きくなっていったのではないかと言われています。今回の授業は，「上野動物園のサルは700万年後に人になれるのか？」がテーマです。私たちの祖先について，学習することは「自分」について探究することだと思います。生徒にとって興味関心を引き出すことができる学習課題だと思います。

> **授業メモ** 授業では，「人の祖先はサルだけど，サルの祖先は何？」など生徒の好奇心に火をつけるような発問をしながら興味関心を引き出し，学習課題に取り組むことができると良いと思います。

2 教室を熱狂空間にするポイント②

「虫の目・鳥の目・魚の目から多角的に物事を考えさせる」

　何千年，何万年という長い時間をかけて，親から子へ，子から孫へと何世代にも渡って命が受け継がれ，その過程の中で，サルは人に進化しました。では，現在に生きているサルが同じような進化を辿ることは可能なのでしょうか？授業では，天才サル「カンジくん」を事例に，多面的・多角的な視点から，「上野動物園のサルは人になれるのか？」について，議論をします。カンジくんは，声帯を除けば，人と同じように言葉を理解し，意思を表現する力をもっています。人の進化で学んだ学習を生かしながら，正しい情報を集め，歴史学習の出発点として，答えのない問題に取り組む楽しさや歴史を学ぶことに意味を生徒に実感させることが大切です。

> **授業メモ**　授業では，「カンジは人？サル？子どものニヨトはもっと色々なことができそうだけど，人とサルの定義はどのように変化するかな？」など様々な角度から声をかけ，生徒の議論を活発化させてほしいと思います。

3 授業展開プラン

1 人類の歴史の長さについて体感し，理解を深める。

　1億年を10cmとして，46億年を4M60cmとし，細長く切った紙を黒板に貼り付けます。その後，「人類の誕生はいつ頃か？」について予想させながら地球の歴史と対比して自由に考えさせると盛り上がります。

> ：この黒板に貼った細長い紙を，地球が誕生してからの歴史（時間）だとします。この地球の歴史の中で人類が誕生したのはいつでしょう？
>
> 　：最近だと思う。一番右の700万年前かな？

上野動物園のサルは700万年後に人になれるのか？

―人とサルの境界線に迫る―

①人類の歴史はどれくらいあるのだろう？

地球ができて46億年です。1億年を10cm として46億年を 4 M60cm とした時，人間は次のア〜エの中でいつ誕生したでしょう

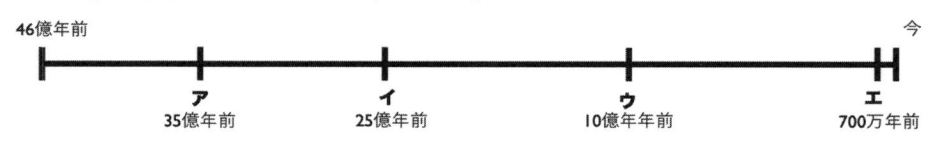

46億年前　　　　　　　　　　　　　　　　　　　　　　　　　　　今

ア　　　　　　　　イ　　　　　　　　ウ　　　　　　　　エ
35億年前　　　　25億年前　　　　10億年年前　　　　700万年前

②では，教科書にいる動物は，サルですか？それとも人ですか？

私は，この動物は，（　　サル　・　人　　）だと思う。なぜなら，

人とサルの境界線を決める一つのポイントは（　　　　　　　）ができるかどうかです。700万年前にアフリカのチャドで発掘された（　　　　　　　　　）は身長が120cm くらいで，脳の大きさは360mL くらいだったのではないかと言われています。

③人類はその後，どのように進化し，生活していたの？

有力な説では，木から降りた猿人が手を使うようになって原人となり，そして旧人，さらに新人と進化したと考えられています。この変化は脳の容量を比較するとよくわかります。生活では，石を打ち砕いて作った（　　　　　）石器を使い，狩りや採集をしながら生活をしていました。（旧石器時代）やがて，土器が発明され表面を磨いた（　　　　　）石器も作られるようになりました。（新石器時代）

④上野動物園のサルは700万年後に人になれるだろうか？まず下の資料「天才サル・カンジくん」を読んでみよう。

「天才サル・カンジくん」

　ボノボは人類にもっとも近いとされる類人猿の一種であるとされている。ボノボのカンジくんは1000ほどの英単語を理解する。「Could you wash potato」と言うと，ちゃんとジャガイモを洗うし「Stir noodle」と言うとパスタ鍋をスプーンでかき回す。さらに，驚くべきは音声の出るキーボードを使い，自分の意思を博士に伝えることができる。森とチンパンジーが映ったビデオを見て，キーボードで"forest"という音声を鳴らし，博士と森に行き，チンパンジーの動作まで真似をした。そしてカンジくんは火を恐れない。博士とキャンプに行き，ライターを使い，火を起こす。最初は紙に点火して，それから薪に火をつけるというやり方も知っている。水で火が消えることまでも知っているのだ。ビデオゲームも理解するし，ルールもしっかり理解している。カンジはそうやって学びとったことを，研究室で生まれた子供の「ニヨト」に伝えるので，「ニヨト」の進化はさらに早い。ずっとそれをくり返していけば，サルはどれほどヒトに近づいていくのだろうか。日本の研究者の中には，チンパンジーを「チンパン人」と呼ぶ人さえ存在している。すでにニュージーランドでは大型類人猿に人権の一部を認める法律まで作られている。

(2000年2月13日放送　NHK「カンジとパンバニーシャ　天才ザルが見せた驚異の記録」より)

上野動物園のサルも人に（　なれる　・　なれない　）と思う。なぜなら，

....

....

....

....

....

....

2 **教科書を開き，世界最古の人類「サヘラントロプスチャデンシス」の資料を見せ，「人か？それともサルか？」を話し合う。**

　教科書と資料集を活用して，サルと人の境界線は何かを考えさせ，グループで定義を話し合わせると良いと思います。

> （👧）：サヘラントロプスチャデンシスは人？それともサル？
> （👧）：見た目は完全にサルだと思う。だけど二足歩行してる。どっちだろう？

3 **人類の進化と生活について理解する。**

　ここでは，猿人→原人→旧人→新人と人が進化した過程を頭蓋模型と共に説明すると良いと思います。また打製石器や磨製石器についてもレプリカがあれば使用すると良いと思います。

> （👧）：骨格がだんだん大きくなっている気がする。脳の大きさが変化した？
> （👧）：磨製石器は表面がツルツルしているね。

4 **上野動物園のサルは700万年後に人になれるのかについて，議論する。**

　天才サル・カンジの資料を読み，上野動物園のサルが700万年後に人になれるのか様々な視点から自分なりの納得解を出せると良いと思います。

> （👧）：カンジくんの資料を読んで，上野動物園のサルは700万年後に人になれると思いますか？
> （👧）：条件が揃えば，昔より早いスピードでなれると思う。むしろ今の方が技術が高いから，可能性はあると思う。
> （👧）：カンジのように，限りなく近く人間と同じ能力を持つことはできても，見た目とかは無理だと思う。あと，声は出せないと思う。

④ 子どもの育ちをとらえるポイントとフィードバック

　歴史を学ぶ出発点として「サルと人」をテーマに「自分たちの始まり」を探究していきます。授業は，想像以上に白熱します。ここでは，ある生徒の感想を紹介します。

　　まず，ボノボのカンジが予想以上にすごかったです。訓練を重ねれば，これまで以上にコミュニケーションがとれて，私たち人間の話していることや行動が理解できるようになる未来も近いと思いました。そして，そんな未来を私は少し期待しています。だけど，上野動物園のサルは人にはなれないと思っています。なぜなら人になるための「環境」を再現することは難しいと思うからです。進化せざるをえない状況がないと難しいと思います。上野動物園は食べ物も簡単に手に入れることができるし，守られている場所なので，変わる必要もありません。サルが人になれたのは，生命の危険性を感じるような環境の中で，長い年月をかけて生存しようと知恵を身につけたからだと思います。逆にいうと人は脳を使わず，何もしない状態が何世代も続くと退化するのかもしれません。今日は歴史の始まりでもある私たち「人」について学ぶことができました。自分でももう少し詳しく調べたいと思いました。

　授業後には，「700万年前に猿人から人の歴史が始まったのだと思うと感動する」，「本当に進化なの？最初から人だった可能性は？」など白熱する様子が見られました。歴史を自分ごととして探究する意義を感じさせることが大切です。

参考文献
・現職教員セミナー（2023年）での東京学芸大学附属世田谷中学校　篠塚昭司先生の「イーストサイド・ストーリー！？人類の誕生はどこだ？」の発表資料
・歴史教育者協議会著『わかってたのしい中学社会科歴史の授業』大月書店，2002年
・河原和之著『続100万人が受けたい「中学歴史」ウソ・ホント？授業』明治図書，2017年

2 もし，あなたが鎌倉時代の人なら どの宗教を信仰しますか？

1 教室を熱狂空間にするポイント①

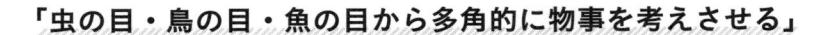

「虫の目・鳥の目・魚の目から多角的に物事を考えさせる」

　中学生の時，「あなたの家ではどんなお経をあげているか知っていますか？」と先生から問われ，帰宅してからすぐに仏壇を確認し，「あ，我が家は日蓮宗だ。南妙法蓮華経か！」と鎌倉時代と自分との繋がりを感じたことを今でもよく覚えています。鎌倉新仏教は，民衆，特に女性や癩者（レプラ（らい菌）によって起こる感染症。ハンセン病。）の救済を主な使命として活動し，あらゆる人の平等の救済を目指していました。誰でも簡単に容易く行える修行である理由から，信仰がしやすく，民衆の生活に奥深く浸透していったそうです。授業では，「鎌倉文化は交流のあった宋などの文化の影響を受けているのか？」「人々は国家や王様のような権威のある人より，仏の力の方が信じていた？」「自分だったら，どの信仰をしたい？」など多面的・多角的な視点を切り口に，「なぜ鎌倉新仏教が歴史の舞台に登場してきたのか？」を自分なりの解を追究しながら理解させることが大切です。また社会科通信などを活用しながら琵琶法師など無名の人々が活躍したことも詳しく伝えられると生徒の好奇心や探究心を引き出すことにつながると思います。

> **授業メモ**　授業では，スティーブジョブズや達磨，コンビニなど身近な人やものと鎌倉新仏教を結びつけると生徒の興味関心を引き出すことができると思います。また，実際に念仏を唱えている動画を視聴しても良いと思います。

2 教室を熱狂空間にするポイント②

「SEL の視点から最適解ではなく納得解を考えさせる」

　授業では，「もしあなたが，鎌倉時代の人ならどの宗教を信仰しますか？」というテーマで話し合い，意見交換をします。自分の信仰したい宗教を決める際には，修行のやり方や難易度，特徴，理念，実際の様子などを教科書や資料集，タブレット等を使用してしっかり情報を集めさせてから考えさせることが大切です。例えば，「踊り念仏は，女性も武士も子どもも癩者も見物していて，身分の差や職業を超えて実施されていることに好感をもったから信仰したい」「念仏を唱えればいいってのがわかりやすいから信仰したい」など，自分の感情と向き合い「この信仰なら社会にも自分にも良いかも！」など選択した根拠をもって自分が納得できる解を作ることが大切です。

> **授業メモ**　授業では，「座禅組んでみよう」など簡易的ですが，教室で体験させても良いと思います。また「なぜその信仰を選んだのか？」について理由の根拠を明確にして，自分の意見を考えさせることが大切です。

3 授業展開プラン

1 クイズを通して鎌倉時代の文化や新仏教について理解を深める。

　クイズでは鎌倉文化には，宋風文化を取り入れられていること，東大寺南大門が約2ヶ月という短期間で作られていたことなど，手をあげるだけでも良いので全員が参加できるように工夫することが大切です。

> 😊：浄土真宗の寺院は，セブンイレブンよりも多いってすごいね。
>
> 😊：ジョブスは，若い頃に禅を知り，生涯座禅を組んでいたみたいだよ。
>
> 😊：え，達磨って人なんだ。あの赤いダルマだよね。確かに手足がない。

もしあなたが鎌倉時代の人ならどの宗教を信仰しますか？

①クイズを通して，鎌倉時代の文化や新仏教の特色を理解しよう！

問題①：鎌倉時代の文化は宋の文化や武士の好みである力強さを反映した文化が主流であった。　（　　○　・　×　）

問題②：金剛力士像は，13人の仏像制作師と10人の大工が69日で制作したらしい。　（　　○　・　×　）

問題③：日本で一番寺院数が多く，信徒の多い宗派は浄土真宗であり，寺院数は２万を超えており，セブンイレブンより多い。

（　　○　・　×　）

問題④：アップルの創業者であるスティーブ・ジョブズは禅を信仰し，たびたび京都に訪れていた。（　　○　・　×　）

問題⑤：禅宗を多くの人に広めたのは，達磨（ダルマ）と呼ばれる人物で，手足がなくなるまで座禅に励んだという伝説がある。

（　　○　・　×　）

②鎌倉仏教の特色は，公家や貴族のものでしかなかった仏教が一般庶民にも広がったことである。さて，どんなものがあったのだろう？教科書から調べてみよう！

開祖	宗教	寺院	特徴
①	浄土宗	知恩院	念仏を唱えさえすれば，死後は誰でも平等に極楽浄土にいける。
②	浄土真宗	本願寺	悪人でも悪人である自覚を持って念仏を唱えれば，救われる」という考え方です。
③	時宗	清浄光寺	念仏を唱えれば全ての人が救われると説いた
④	日蓮宗	久遠寺	「南無妙法蓮華経（ナムミョウホウレンゲキョウ）」を唱える。そうすれば救われると教える。

⑤	臨済宗	建仁寺	坐禅をくむ時に師匠から問題を与えられ，その問題を解くことによって悟りに達していこうというもの。
⑥	曹洞宗	曹洞宗	坐禅を組み，自分の力で悟りを開く。

【念仏・題目・禅宗のお経を聞いてみよう。どんな言葉を唱えている？

念仏	題目	禅宗

みなさんの家では，どのお経をあげているか知っていますか？

（　知っている　・　知らない　）　　知っている人→

③なぜ民衆は，鎌倉新仏教を信じたのだろう？理由を考えてみよう！

④もし，あなたが鎌倉時代の人なら，どの宗教を信仰しますか？ベスト3を作ってみよう！

1位…

（理由）

2位…

（理由）

3位…

（理由）

2 鎌倉仏教の開祖や特色を教科書や資料集から調べ，表に整理する。

　教科書や資料集を活用して，六つの鎌倉新仏教の開祖について調べます。また家に仏壇がある生徒には，自分の家で唱えているお経について調べることを推奨しても良いと思います。

> 😊：表の情報をもとに，開祖の名前を調べてみましょう。
> 😊：南妙法蓮華経の日蓮宗は，日蓮という僧が宗祖でした。
> 😊：うちはたぶん日蓮宗だよ。南妙法蓮華経って書いてあった気がする。

---

3 なぜ民衆が鎌倉新仏教を信じたのか，グループで話し合う。

　鎌倉新仏教が女性や非人の救済という目的があったことや，誰でも簡単に信仰ができる容易さがあったことを踏まえるなど，その背景にあった社会情勢を既習事項と結びつけて考えられると良いと思います。

> 😊：シンプルに簡単に信仰ができるから，受け入れられやすかった。
> 😊：飢饉とか，戦乱とか不安な時代が続いているから。現世が不幸でも来世ぐらいは救われたいと思ったのかな。

---

4 「もし，あなたが鎌倉時代の人ならどの宗教を信仰しますか？」をテーマにグループで意見を考え，発表する。

　グループで議論をしながら考えると，多様な視点から活発に意見交換をすることが期待できると思います。

> 😊：自分は臨済宗が良い。禅宗は自分と向き合う宗教に魅力を感じました。
> 😊：浄土真宗がいい。悪人でも救われるっていうのがいい。失敗をしてもしっかり反省をして，許される社会がいい。

---

④ 子どもの育ちをとらえるポイントとフィードバック

　鎌倉時代の人々の社会情勢や立場を想像し，自分のこととして考えさせることが大切です。ある生徒の感想を紹介します。

　日本人の私にとって，宗教って信仰するものというよりは，クリスマスやお正月，ハロウィンのようにイベント行事くらいの存在でしかない。だけど，鎌倉時代は宗教が人々にとって心の拠り所だったことがよくわかった。今の時代，日本で飢饉なんて起きないし，女性であっても，感染症にかかっていても差別されることはないから実感できないけれども，昔はそんな当たり前が，当たり前ではない時代があって，人々が苦しみや悩みを宗教によって解決してもらおうとするほど，厳しい暮らしがあったのだと思う。私が当時の人で，「念仏を唱えれば，救われる」と言われたら，唱えると思う。そういう意味で宗教は希望だったのかもしれないと思った。あまり宗教に関心はないけれど，日本以外の国では，キリスト教やイスラム教など宗教を信仰することが当たり前になっているわけだから，鎌倉新仏教と同じような共通点があるのかを調べてみたいと思いました。ちなみに私は一編の踊り念仏を推します。踊って念じて，楽しく救われたいです。

　授業後に，「修学旅行で建仁寺って行けますか？座禅組んでみたいです」など禅宗への興味をもつ生徒が多かった印象を受けました。おそらくスティーブジョブズや達磨など身近な存在との関わりが，好奇心に火をつけたのだと思います。修学旅行の事前学習として取り入れ，現地で本物を経験する機会につなげてみても良いかもしれませんね。

参考文献 ————————————
・河原和之著『続100万人が受けたい「中学歴史」ウソ・ホント？授業』明治図書，2017年

あなたは開国に賛成？それとも反対？

1 教室を熱狂空間にするポイント①

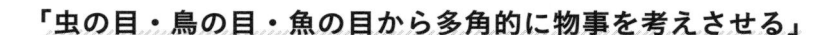

「虫の目・鳥の目・魚の目から多角的に物事を考えさせる」

　ペリー来航の授業は，不平等条約の内容や開港した港を覚えることに終始してしまいがちだと思います。しかし，より多面的・多角的な視点から開国について捉えることで，深い学びを実現することができます。例えば，「なぜアメリカは西回りのルートではなくて，東回りのルートを確保したかったのか？」と問えば，それはイギリスとの海上交通をめぐる派遣争いが背景にあることを説明することができます。大きな視点から見れば，世界のグローバリズムに組み込まれる過程の中での開国であったとも言えるでしょう。また，「なぜ日本が寄港地になったのか？」と問えば，日本が東アジアにおける石炭の産出地であったことなど蒸気船の動力源を容易に確保しやすかった場所に位置していたこともあげられると思います。授業では，日本の開国の背景にある中国の存在やこの時代では，すでに自由貿易が世界の主流だったことなど，多面的・多角的な視点から「開国」を捉えられるように工夫するなど物事をより広い視点から考えさせることが大切です。

> **授業メモ**　授業では，地図を見ながらペリーの航路を確認し，中継地の多くがイギリスの植民地であることを確認できると良いと思います。また，下田（太平洋側）と函館（日本海側）に港が選ばれた理由なども余裕があれば調べさせてみても良いと思います。

2　教室を熱狂空間にするポイント②

「SEL の視点から最適解ではなく納得解を考えさせる」

　ここでは，「開国に賛成か？それとも反対か？」について議論をし，自分なりの納得解を考えさせます。ペリーの開国要求に対する大名や幕臣の意見を参考に，当時の人々の「感情」にも注目したいと思います。例えば「開国しなかった場合のリスクは何か？」「清と同じようになってしまったら，日本の独立を保てるのか？」などアヘン戦争などの既習事項を生かせるように声かけをしたり，「開国しないと欧米に追いつけなくなる」「開国した方がいいけど植民地にされないように慎重に対応すべき」など日本が進むべき最良の道について粘り強く議論したりして，当事者の視点から，開国をめぐる当時の状況を想像して，自分なりの納得解を考えることが大切です。

> **授業メモ**　授業では「開国の有無で，社会や経済はどのように変わるのか？」について議論を深めてほしいと思います。またタブレットを活用しながら資料で提示されていない大名や家臣の意見なども調べてみるのも良いでしょう。

3　授業展開プラン

1　ペリーが日本に来航するまでの航路ついて理解する。

　ペリーが，134日をかけてサスケハナ号でケープタウンやインドを通って中国に至る航路を進んできたことを確認します。またこの航路の途中にイギリスの植民地が多くあったことについても触れておくと良いと思います。

> 😊：ペリーはどのようなルートで日本にきましたか？目的は何ですか？
> 👧：南アフリカや東南アジアを通って日本に来ている。
> 👧：サスケハナ号で日本に来て，日米和親条約を結びにきた。

あなたは開国に賛成？それとも反対？

―大名の意見を参考にして，ペリーの要求に応えよう！―

①ペリーはどのようなルートで日本にやってきただろう？（開国前）

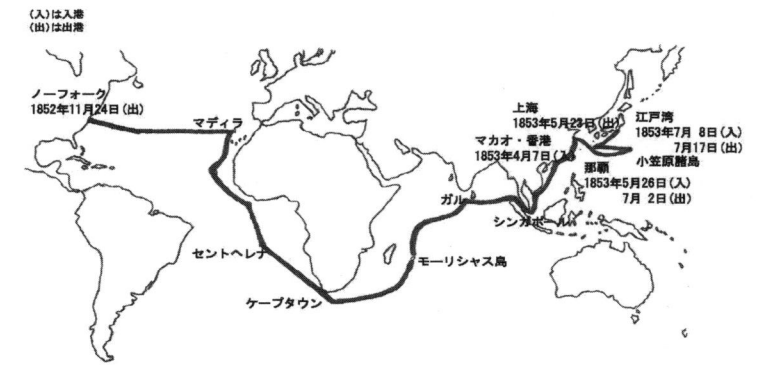

(入)は入港
(出)は出港

ノーフォーク
1852年11月24日(出)

マデイラ

上海
1853年5月23日(出)

江戸湾
1853年7月 8日(入)
7月17日(出)

マカオ・香港
1853年4月7日(出)

小笠原諸島

那覇
1853年5月26日(入)
7月 2日(出)

ガル

シンガポール

セントヘレナ

モーリシャス島

ケープタウン

どこを通ってきた？

_____

_____

ペリーは（　　　）歳で134日かけて黒船「サスケハナ号」で日本に東回りの航路で来航しました。当時，東回りのルートを押さえていたのは，イギリスでした。黒船４隻で浦賀に来航し，翌年には幕府と（　　　　　　　）を結び，下田と函館の２港の開港や薪水給与令などを認めさせました。

②次の新聞記事の要約は日米和親条約に関するものです。記事を読んで，ペリーの目的は何だったか考えてみよう！

二つの重要な港町（　　　・　　　　）が通商に扉を開き，日本には石炭も豊富にあるため，石炭貯蔵所も確保されている。太平洋横断航路建設計画は，ペリー提督遠征の成果を示す好例と言えるだろう。これにより，中国への最短航路である太平洋を横断する大圏航路が開設できた。日本海航路と太平洋航路の寄港地を確保できたことは大きい。東はイギリスだが，西はアメリカがルートを確保できた。

ペリーの目的は？

日本は東アジアにおける**石炭**の重要な産出地であった。

③幕府は，アヘン戦争や戦後の中国の状況を比較的正確に把握しており，また幕末期は自由貿易が世界の主流であり，グローバル化が進んでいました。これらを踏まえ，あなたは開国に賛成しますか？それとも反対ですか？下の大名や幕臣の意見も参考にしながらグループで話し合って考えてみよう！

松平氏（津山藩）奥平氏（中津藩）	賛成	通商は世界の大勢である。世界諸国は，交易の利益によって軍備を整えている。今のままでは，軍事力で日本は外国に対抗できないだろう。
毛利氏（長州藩）	反対	アメリカと通商することになれば他の国もそれを要求してくるだろう。清を見ればわかる。清は通商を認めたことから戦争となり人々は苦しんだ。通商は拒否して，防備を厳重にすべきだ。日本はかつて元寇で撃退したこともあるのだから。
島津氏（薩摩藩）	戦争回避	清と同じ道を歩んでしまうから，通商は受け入れてはならないと思う。ただし，戦争で負けるのを避けるために，回答を延ばして軍備が整ったところで打払うようにしよう。

私は，開国には（　賛成　・　反対　）です。

2 日米和親条約についての新聞記事の要約を読んで，ペリーが来航した目的について考察する。

　資料をもとに，下田と函館を開港した理由を考えます。また，太平洋を横断する交易ルートの確保が一番の目的だったことやイギリスとの海上ルートの覇権争いにも言及すると良いと思います。

> 🧑 ：ペリーの目的は何ですか？
>
> 🧑 ：太平洋の西回りの航路を開発すること。太平洋横断航路のための下田と函館だったんだ。これで東からでも西からでも，中国に行けるわけか。
>
> 🧑 ：日本は石炭が豊富だった。捕鯨も盛んだったから寄港地としては適切。結局，日本産の石炭は上海市場で9割近く占めていたらしいよ。

---

3 「開国に賛成する？それとも反対する？」について大名や幕臣の意見も参考にしながらグループで議論し，自分の意見を考える。

　大名の意見を参考にしながら，開国に賛成か反対を考えます。また，日本が清の動きをある程度正確に把握しながら，慎重に開国について議論を進めていたことにも触れると良いでしょう。

> 🧑 ：みなさんは開国に賛成ですか？反対ですか？大名の意見を参考にしたり，清について教科書などで振り返ったりしながら話し合ってみよう。
>
> 🧑 ：賛成。外国と交易ができないと国力で圧倒的な差がつき追いつけない。
>
> 🧑 ：反対。清と同じになる。不平等条約を結ぶことになり，苦しむよ。
>
> 🧑 ：賛成。欧米の目的は清だから開国してもある程度は大丈夫だと思う。それよりも，貿易をして利益を得て，軍備を拡大しないとまずいと思う。
>
> 🧑 ：反対。開国したことであっという間に江戸幕府は滅んでしまったから。平和な時代が終わってしまった。

④ 子どもの育ちをとらえるポイントとフィードバック

　ペリーについては小学校でも学習しており，開国の是非を問う議論は盛り上がります。ここでは賛成派のある生徒の感想を紹介します。

> 　開国して良かったと思います。この後に不平等条約を結んでしまうことにはなるけれど結果的に明治時代になって近代化が進み，日本の基礎が出来上がったという点で良かったのだと思います。開国を受け入れると清と同じように戦争になるという考えもわかるけれど，開国を拒否しても戦争になるし，当時の戦力では勝つことはかなり難しいと思うから，幕府的にはもう慎重に開国するしか道はなかったのだと思うし，それで良かったと思います。また産業革命を遂げたイギリスやアメリカが世界に市場を広げ，貿易によって利益を得て，日本の開国もそのグローバル化の流れの中にあることを知って，ペリーが浦賀に来た目的がストンと腑に落ちました。そして，授業でも話題に出たけれど下田（太平洋側）と函館（日本海側）の港を開港させたのも流石だなと思いました。もうこの時代にはすでにグローバル化が進んでいて，遅かれ早かれ開国は必要なことだったと自分の中では納得しました。

　授業後には，「ペリーすごい」，「頭いい！」と見方を変える生徒もいました。ただ黒船で日本に来た人ではなく，「なぜ」そのような行動をとったのかについて，日本の歴史だけでなく世界の動向と合わせて考えさせるとより学習内容が深まると思います。

参考文献 ───────
・小風秀雄「世界史の中の明治維新─日本の開国・開港が促進した『交通革命』」『明治維新とは何か？』東京堂出版，2018年
・渡辺惣樹『日本開国 - アメリカがペリー艦隊を派遣した本当の理由─』草思社，2016年
・小野正雄『岩波講座日本通史第15巻』岩波書店，1995年

Chapter 3　教室を熱狂空間にする！中学校歴史授業モデル

学校ができる！
明治の人々は歓迎？それとも反対？

1 教室を熱狂空間にするポイント①

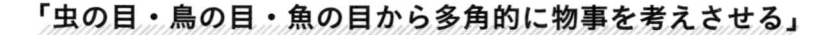

「虫の目・鳥の目・魚の目から多角的に物事を考えさせる」

　「明治の人々は学校建設に反対した人も多かった」と聞いたら，皆さんはどう思いますか？子どもを学ばせたいと思う親の気持ちは，どの時代も一緒だと思うので，生徒にとって「学校建設」が明治の人々に歓迎されなかったことは，にわかに信じがたいことなのではないでしょうか。実は，全国各地で展開された学校建設は，学校建設費や授業料の負担が重く，また当初は子どもを入学させない親が多く，特に女子の就学率は約15％と低い数値でした。教科書も高価であったため，買えない生徒も多く，賃貸料をとっていたそうです。授業では，そのような事実を踏まえ，「なぜ学校建設は反対されたのか？」「なぜ負担が大きい学校建設を無理にまで推し進めた地域があるのか？」「寺子屋と違ってどんな場所で，どんな学習をしていたのか？」など，多面的・多角的な視点から「学制」という制度を考察したいと思います。また，学校は生徒にとって，一番身近な居場所だと思います。今の学校との共通点や相違点など自分との繋がりにも目を向けながら，学校教育の歴史についても学びを深めることが大切です。

> 授業メモ　授業では，学区の市町村史などに明治初期の学校が記録として保管されていることが多いです。ぜひ教室に持ち込んで，明治時代の自分たちの学区の学校を見せると興味を引き出すことができると思います。

2 教室を熱狂空間にするポイント②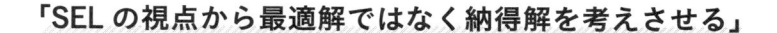

「SELの視点から最適解ではなく納得解を考えさせる」

　授業では，「なぜ開智学校は2億円もの大金をかけて，学校を建設したのか？」「なぜ養蚕地帯に洋風学校が多くみられたのか？」「なぜ明治政府は人口600人に対して1校の学校建設を目標にするなど，ここまで教育に力を入れたのか？」など時代を作った人々の「感情」に注目しながら，自分なりの解を考えさせることが大切です。例えば養蚕地帯の人々は，生糸を輸出するため横浜に訪れ，都会の近代化を目にして，欧米文化を学校教育の中で学ぶことの重要性を実感したことが学校建設を進めるきっかけになったと言われています。どの時代においても，人々が「学ぶ」ということの意義を理解しており，次第に学校を受け入れるようになったことを説明することが大切です。

> **授業メモ**　授業では，1872年に発布された学制が，1907年には就学率約80％を超えるなど，わずか35年で急激に伸びていることなども説明できると良いと思います。明治政府の教育制度の拡充や教育を受けることで一般の人々の生き方の選択肢が広がったことについても説明すると良いでしょう。

3 授業展開プラン

1 江戸時代の寺子屋と明治の小学校の違いを整理する。

　教科書や資料集を活用しながら，江戸時代の寺子屋と明治時代の小学校の教室の様子を比較し，共通点と相違点を探します。

> 👩：寺子屋と小学校の写真を比較して気がついたことはありますか？
> 👧：寺子屋は個別に学習していて，小学校はみんな一緒に授業している。
> 👩：教育内容が違う。寺子屋は読み書きそろばんがメインかな。

Chapter 3　教室を熱狂空間にする！中学校歴史授業モデル

学校ができる！明治の人々は歓迎？それとも反対？

―学校建設に対する人々の本音は？―

①江戸時代の寺子屋と明治時代の小学校を比較してみよう！

江戸時代の寺子屋	明治時代の小学校

②寺子屋と小学校に関するクイズにチャレンジしよう！

問題①：江戸時代の寺子屋などの教育機関は充実しており，世界でも有数の
　　　　識字率を誇っていた。

（　〇　・　×　）

問題②：現在の慶應義塾や早稲田大学など多くの私立がこの時代に作られた。

（　〇　・　×　）

問題③：現在のように小学校では，授業料が無料であったため，就学率は今
　　　　と変わらない高さだった。

（　〇　・　×　）

問題④：学制は，人々に歓迎され，洋風の学校が多く建設された。

（　〇　・　×　）

③なぜ学制は（　　　　　　）されたのだろう？グループで話し合って考えてみよう！

グループの意見：

※学制をはじめ地租改正，徴兵令などの新しい政策に対しては，国民の強い抵抗
があり，各地で反対一揆も起こりましたが，これらの改革は着実に成果を上げて
いきました。

④学制に反対する人がいる中，なぜ長野県松本市では，開智学校に代表されるような素晴らしい小学校を建てたのだろう？

プチ情報
・開智学校の建設費は1万1028円（現在では約2億。7割が地域住民の負担）
・児童数は約1000人。洋風の建築が採用されている。

学校では，どのような勉強をしていたのだろう？下の文章は当時使われた福沢諭吉教科書「世界国尽」に書かれている文章です。何と書かれているでしょう？

「世界はひろし　万国は　おおしといえど　おおよそに　五つに分けし　名目は　亜細亜　阿弗利加　欧羅巴　北と南の　亜米利加に　さかいかぎりて　五大州　大洋州は　べつにまた　南の鳥の　となえなり　土地の風俗　人情も　ところ変われば　品変わる」

（他にも西洋事情，小学読本，日本地誌略が教科書として使用されました。）

⑤この頃，洋風の小学校は養蚕地帯の町村に多かったそうです。なぜでしょう？考えてみよう！

2 **寺子屋と小学校に関するクイズにチャレンジする。**

寺子屋と小学校に関するクイズを実施します。手を挙げて全員が参加できるように声かけをすることが大切です。

> 🧒：江戸時代の識字率は，かなり高かったんだね。
> 🧒：授業料があって，人々からは反対の声もあった。

3 **学制が反対された理由についてグループで話し合う。**

教科書や資料集を参考にしながら，学制が人々に受け入れられるまで時間がかかった理由を整理できると良いと思います。

> 🧒：建設費と授業料の負担は大きい。
> 🧒：子どもも働いていたから，労働力がなくなるのはきついよね。

4 **開智学校のような建設費の高い洋風の学校が作られた理由を考える。**

教科書の写真を活用しながら，学制に反対する人ばかりではなく，学校建設に力を入れていた地域があることを確認します。

> 🧒：寺子屋の時から実学の大切さをわかっていたからだと思う。
> 🧒：子どもを学ばせたいという親の願いは，どの時代でも一緒だったから。

5 **洋風の小学校は養蚕地帯の町村に多かった理由を話し合う。**

教科書や資料集を見て養蚕地帯に洋風の小学校が多いことに気がつかせます。

> 🧒：生糸の輸出のために，横浜に行き，近代化を目の当たりにしたから。
> 🧒：欧米文化を学ぶことの大切さを感じたのかな。

④ 子どもの育ちをとらえるポイントとフィードバック

　当初は，明治時代を象徴する学制・徴兵令・地租改正など明治政府の改革には不満を持っていた人も多く，近代化が時間をかけて次第に受け入れられていったことを説明することが大切です。ここでは，学制について，生徒の感想を紹介します。

> 　去年，総合的な学習の時間の授業でSDGs1番の「貧困をなくそう」について調べ学習をしました。その学習の中で，アフリカの貧しい地域では，子どもを多く産み，育てる傾向があることがわかりました。理由は，子どもを労働力として期待している親が多いからだそうです。例えば，水汲みは何キロも歩いて水を汲むため，子供が担うことが多い仕事だそうです。結局，学校にいけない子供は読み書きもできず，単純な仕事にしか就くことができないため，貧困が連鎖してしまうことがわかりました。そして，これは明治時代も同じだったのではないでしょうか。確かに親としては，教育を受けさせたいけれど，労働力が失うことも苦しいと思います。そう考えると，反対の理由もわかります。ただ教育を受けることが将来の選択肢を広げると親自身が実感していたからこそ，学制は受け入れられていったのではないかと思いました。

　この感想を書いた生徒は，社会科の学習と総合的な学習の時間で学んだ内容を結びつけて，自分なりに探究し，課題に取り組んでいたと思います。このように各教科の学びが他教科や生活につながる場面が多く設け，生徒の興味関心を引き出すだけでなく，学ぶ意義を理解させることが大切です。

参考文献 ─────────────
・歴史教育者協議会著『わかってたのしい中学社会科歴史の授業』大月書店，2002年

「固有の領土」か？「大戦の結果」か？
～北方領土の未来を考える～

1 教室を熱狂空間にするポイント①

「本物の社会課題と出会い，自分ごととして考えさせる」

　北方領土問題は，第二次世界大戦末期から約80年もの間，未解決のままの残されてきた日本と旧ソ連の継承国ロシアとの間で抱えている本物の社会課題です。歴史を紐解くと，1855年の日露通好条約，1875年の樺太千島交換条約，さらに30年後の1904年のポーツマス条約など両国間で結ばれた条約で四島はいずれも日本領に含まれています。これが，日本政府が択捉島，国後島，色丹島及び歯舞群島からなる北方四島は未だかつて一度も外国の領土となったことがない我が国固有の領土と強調する理由です。一方ロシア側は，北方領土は「第二次世界大戦の結果，正当にロシア領土になった」と主張しています。授業では，北方領土問題をめぐる両者の主張や根拠を正しく理解し，次世代が新たな日露関係を築いていくために，この本物の社会課題を「平和的な手段による解決」を目指し，双方の立場から多様な意見に触れ，自分のこととして考えさせることが大切です。さらに領土と国家主権については，竹島や尖閣諸島の領土問題と関連させて多面的・多角的に扱うことも有効だと思います。

> **授業メモ**　授業では，４島が日本固有の領土であると伝えた上で，「解決を困難にしているものは何か？」，「日本とロシアの主張はどのような観点で違いがあるか？」など，正しく理解させるために整理することが大切です。

2　教室を熱狂空間にするポイント②　

「SEL の視点から最適解ではなく納得解を考えさせる」

　筆者は，2022年に「北方領土返還を求める都民会議」に参加し，国後島と歯舞群島を自分の目ではっきりと見てきました。本当に目と鼻の先にある島だということに驚いたことを今でも覚えています。また色丹島に住んでいた元住民の方からもお話しする機会をいただき，改めて北方領土問題を「自分ごと」として考えることの大切さを再認識しました。授業では，「今さら島を出て，ロシアに帰れと言われても無理がある」というロシア人島民の声や，「条約をしっかり守るべきだ」「島に帰りたい」という日本政府や元島民の声など北方領土に対する多様な方々の感情を取り上げ，人々の想いや考えに寄り添い，この問題の終着点をどのように結んでいくことが望ましいのかを議論し，自分なりの納得解を考えさせることが大切です。

> **授業メモ**　授業では，「以前まで続けていたビザなしでの交流はどうか」「両国で共同に島を統治するのはどうだろう」「主権だけでも日本に返してもらうのは？」など，未来に向けてどのような形で北方領土問題を解決することが望ましいか自由に意見交換をすると良いと思います。

3　授業展開プラン　

1 北方領土問題がどのようにして起こったのかについて理解を深める。

　最初に歴史的な背景から日本とロシアの国境の変遷を正しく整理するために，これまでの条約について整理する。

> 😊：条約を見る限りでは，北方領土がロシアに正式に渡った様子はない。
> 😊：千島列島の範囲が明確でなかったことが，認識の差になったのかな。

「固有の領土」か？それとも「大戦の結果」か？

―北方領土の未来を考えよう―

①北方領土問題はどのようにして生まれたのだろう？日本とロシアの国境の変遷を歴史から考えよう！

1855年	日露通好条約	ロシアは明らかに国後・択捉島を日本領と意識。択捉島から南は日本領とした。
1875年	樺太千島交換条約	ウルップ島以北18島を日本領，樺太はロシア領とした。背景には明治政府の北海道開拓優先政策があった。
1905年	ポーツマス条約	日露戦争の結果，樺太の北緯50度以南が日本領になった。
1941年	日ソ中立条約	日ソ中立条約で相互に領土の保全及び不侵略を約束するも1945年にそれを一方的に破棄。対日参戦を決めた。ポツダム宣言を受諾後の8月28日から9月5日までに北方領土を占領。
1951年	サンフランシスコ平和条約	日本は千島列島と南樺太を放棄した。千島列島の範囲は定義されておらずソ連は調印を拒否した。

この時点で，北方領土は，（　固有の領土　・　大戦の結果　）だと思う。

理由：

②北方領土問題に対する様々な人々の意見を参考に，北方領土の未来について考えよう！

日本政府	ロシア政府
千島や樺太は日本の不当な暴力行為で勝ち取ったものではない。ロシアが一方的に占領・支配する権利もない。大西洋憲章（1941年）でも領土の拡大はしないと宣言されている。北方領土は日本の固有の領土であり，ソ連はサンフランシスコ条約に署名もしていないため，政治的発言権がない。	千島と樺太南部の領有はヤルタ会談で決定した。日本はポツダム宣言を受諾し，無条件降伏した。また千島領有は合法的であり，戦争に負けた国に発言権はない。ソ連も対日参戦し，多大な損害と犠牲を払っている。また海も凍らないし，水産資源も豊かなこの場所を手放す気はない。

日本の大学教員	ロシア人ジャーナリスト
4島の開発に伴う環境破壊が起きている。国後島の古釜布湾ではヘドロの異臭やメタンガスのようなものが発生しており、今後漁業に大きな問題を与えるだろう。また、ロシアは2025年までに空港や学校など約1400億円の投資をする。このままでは「死の島」になる。戻っても生活できるか怪しい。	日ソ共同宣言では「歯舞、色丹」の2島返還に落ち着いていたのに、アメリカから「国後、択捉をソ連領と認めたら沖縄を返さない」と圧力をかけられていた。ソ連は4島に米軍が展開される可能性を懸念していた。日本との関係改善には前向きだったし、ロシアは日本以外の多くの国と領土問題を解決してきている。
島の元住民	島の現住民
もう85歳になる。もちろん故郷を返して欲しい気持ちもあるけど今からもう一度移住するのは根気がいる。せめて、お盆やお墓参りなど自由に行き来ができるようにしたい。自分の家にも帰りたい。	ここはロシア人にとっても故郷。現に、約1万5000人を超える人々が住んでいる。今から出ていくのは難しい。またここは仕事の手当も厚く、普通に働くより効率よく稼ぐことができる。
ドイツのラジオ局	東京の中学生
欧米諸国は、陸続きだから「固有の領土」という考え方があまりない。国境は常に変わるものだし主言語も支配者によって変わってきた。大戦の結果として受け止めるしかない。ドイツも同様です。	根室に旅行に行ったけれど、目と鼻の先に島が見える。どう考えても日本の領土だと思う。生まれた土地なのに帰れないなんて悲しすぎる。せめて一緒に暮らせるようにしたい。

日本政府は、北方領土は、（　固有の領土　・　大戦の結果　）としている。

③あなたは北方領土問題をどのように解決すべきだと思いますか？また未来に向けて、北方領土をどのように位置付けていくことが両国にとって良い形だと思いますか？グループで話し合ってみよう。

2 北方領土問題に対する様々な人々の意見を参考に，北方領土の未来について グループで議論する。

　資料をもとに，様々な立場の人々の北方領土に対する考えに触れ，北方領土問題の解決策について考える。

> :北方領土問題について様々な方の意見を聞いて，どのように感じましたか？
>
> :日本とロシアだけの問題ではなく，アメリカが関係しているよね。冷戦の影響もあるから，ロシア的には北方領土を渡すと自国が危険になるって気持ちはわからなくないよね。
>
> :追い出された住民の立場からしたら，やりきれない。せめてもう一度自分の故郷に自由に出入りできるようにはしてほしいと思う。ただ，実際ロシア人が住んでいるのも事実だから，ロシア人を追い出すのは難しいと思う。

3 未来に向けて，今後，北方領土問題をどのように解決することができるか自分の意見を考える。

　現在の状況を踏まえて，北方領土をどのようにしていくことが両国にとって平和的な解決になるのかを考えさせると良いと思います。

> :日本人もロシア人も住むことが可能なようにすると良いと思う。やっぱり死ぬまで自分の故郷に帰れないというのは辛いよ。
>
> :ロシアとの関係を改善して，ビザなし交流を復活させる。また，次世代にこの問題をずっと受け継いでいくために，資料館とか作るといいと思う。観光地化して，経済面でも利益が出るようにすれば，両国にとってプラスになると思う。ただ主権は日本に戻してほしい。

4　子どもの育ちをとらえるポイントとフィードバック

　元島民の方々も高齢化が進み，北方領土返還運動も下火の今だからこそ，この問題にしっかり向き合い，他人事ではなく，自分のこととして考えさせることが大切だと思います。ある生徒の感想を紹介します。

> 　今回の授業で，北方領土問題について学習をして，教科書だけではわからない真実に触れて，今まで何も知らなかったことを痛感しました。自分が思っている以上に，様々な人の思惑や歴史が関わっており，領土問題が複雑で簡単に解決できない問題だということがわかりました。そして，ただ条約やその内容を暗記するだけでは，何も解決にはつながらないということがわかりました。もしも自分が，元島民だったらと思うとやりきれない気持ちでいっぱいです。原因のもととなった戦争は，いろいろなことに影響を及ぼし，今もなお解決できない問題を生み出しているため，やはり戦争は絶対ダメだということもわかりました。北海道の問題と他人事に片づけるのではなく，日本人の問題として，自分にできることを考えていきたいと思います。そして大人になったら，今回の授業で紹介された根室市や標津町を訪れ，実際に北方領土を見てみたいと思います。

　授業後には「双方がお互いに譲り合いながら北方領土の未来を考えていく必要がある」という声が多く，課題に本気で向き合っている姿勢が見られました。日本人の問題としてしっかりと考えていくことが大切だと思います。

参考文献
・草原和博・渡部竜也編『“国境・国土・領土”教育の論争争点 - 過去に学び，世界に学び，未来を拓く社会科授業の新提案 -』明治図書出版，2014年
・北方領土返還を求める都民会議における富谷進氏の「北方領土問題に関する教育の一指針」発表資料，北方領土根室研究会，2022年
・北方領土返還を求める都民会議における元色丹島島民　得能宏氏の講演資料，2022年

6 世界恐慌における日本の判断は正しかったのか？

1 教室を熱狂空間にするポイント①

「虫の目・鳥の目・魚の目から多角的に物事を考えさせる」

　世界恐慌への対応は植民地を「持っていた国」と「持っていなかった国」で大きく異なりました。アメリカでは，ニューディール政策を実施するなど積極的に改革が行われましたが，1935年になっても工業生産額は恐慌発生前の水準には戻らず，決してうまく対応できたわけではありませんでした。イギリスやフランスは，ブロック経済政策をとり，これにより，1935年には工業生産額が恐慌発生前までの水準に近づくなど，ある程度回復しています。一方，日本やドイツは海外へ進出し，日本は1935年時点では，中国進出が功を奏し，工業生産額はソ連に次ぐ世界2位となっています。また社会主義国家のソ連は世界恐慌の影響を受けず，各国が警戒を強めるほど力をつけていました。授業では，「各国は世界恐慌にどのように対応したのか？」「なぜその対応になったのか？」「対応の結果，世界情勢はどのように変化したのか？」など多面的・多角的な視点から世界恐慌を捉えるように工夫することが大切です。複数の視点や情報をもってテーマである「石橋湛山と石原莞爾，あなたはどちらを支持しますか？」の問いの準備ができると思います。

> **授業メモ**　授業では，「なぜアメリカで起きたことが日本にまで影響するのか？」「なぜアメリカの政策を日本ではやらなかったのか？」など生徒と対話する中で声をかけ自分で考えさせること大切だと思います。

2　教室を熱狂空間にするポイント②

「SEL の視点から最適解ではなく納得解を考えさせる」

　授業では，世界恐慌の日本の対応として，石橋湛山の平和を第一に考え，侵略行為を否定する資料「満蒙を放棄せよ」と石原莞爾の満蒙進出が日本の発展のために重要と考える資料「満蒙問題私見」の二つの資料を提示し，「石橋湛山と石原莞爾，あなたはどちらを支持しますか？」をテーマに議論し，世界恐慌から脱出するために，どのような選択が正しかったのか国家の立場，国民の状況など様々な状況や渦巻く感情と向き合いながら，自分なりに納得解を考えさせることが大切です。例えば，「工業生産額の結果だけ見れば，満州進出は有効だったから石原氏の判断が正しい」と考える班もあれば，「長期的な視点で日中戦争や太平洋戦争を引き起こしたから石橋氏の判断を支持する」など多様な意見が教室で発言されると思います。「自分は，どう選択するか？」当事者の視点に立って考えさせることが大切です。

> **授業メモ**　「なぜその判断を支持したのか？」について根拠をもって考えることが大切です。当事者の視点や感情にも注目し，議論してほしいと思います。

3　授業展開プラン

1　教科書から世界恐慌について理解を深める。

　1929年にニューヨークの株価が暴落し，失業者が町に溢れたことをパンの配給を待つ人々の写真や様子から理解させると良いと思います。

> 　：写真や資料から何が読み取れますか？
> 　：無料給食に行列ができている。場所はニューヨークだ！
> 　：株価が暴落し，1929年世界恐慌が起きたと教科書にある。

世界恐慌のおける日本の判断は正しかったのか？

①下の文章を読んで，1929年に起きた出来事を教科書で調べよう！

> 憂うつな年が暮れて1930年の春さきになると，無料給食の行列がニューヨークをはじめ全米の各地に現れだした。破れ靴の栄養失調の失業者がブリキのコップ一杯のスープと一片のパンにありつくのを待っている。氷のような冷たい風が，吹き付ける中で，すり切れたコートのえりをかき合わせてのろのろと動く，ブレット・ラインはなかなか前へ進まない。

1929年に，ニューヨークの株式市場で株価が暴落し，世界経済は大混乱に陥った。これを（　　　　　　　　）といいます。

②各国は，世界恐慌に対して，どのような対策を取ったのだろう？下の表に当てはまる国を記入しよう。

	主な考えと政策	この政策と国
A	失業者に職を与えるためには，仕事をする場所を増やさなければならない。よって働く機会と所得を得られるように公共事業を増やせば，仕事が増え給料ももらえる。給料がもらえれば物を買い，豊かさが戻ってくる。	この政策を？ （　　　　　　） 国は？ （　　　　　　）
B	本国と植民地の関係を密接にし，それ以外の国に対しては高い関税をかける。関係の深い国や地域を囲い込んで，その中だけで経済を成り立たせることで，大不況を乗り切れる。	この政策を？ （　　　　　　） 国は？ （　　　　　　）
C	われわれは世界最良の民族。世界はすぐれたものが治める。多数決によって事を決めるようなことはしない。土地や領土を求め，その実現のために強力な軍隊と中央権力を創る。	この政策を？ （　　　　　　） 国は？ （　　　　　　）

③日本にも世界恐慌の影響はあったのか？自分の考えを書いてみよう！

影響は，（　あった　・　なかった　）なぜなら，

・日本国内での飢餓の数 （　　　　　）人	・失業者 （　　　　）人
・売られた子どもの値段 （　　　　　）円	・欠食児童 （　　　　）人

④さて，日本も世界恐慌の影響を大きく受けていることが分かりました。この世界恐慌から抜け出すために，二人の人物がある主張をします。あなたは石橋湛山と石原莞爾のどちらの意見を支持しますか？

石原莞爾	・満蒙は我が国の発展のための最も重要な戦略拠点である。 ・満蒙を勢力下に置くことで朝鮮の統治が安定するだろう。 ・満蒙の農作物はわが国民の食糧問題を解決するだろう。 ・満蒙における日本企業は我が国の現在の失業者を救うだろう。 ・満蒙でとれる鉄や石炭は我が国の重工業の基礎を確立するだろう。
石橋湛山	朝鮮・台湾・満州をすてる。支那から手を引く，樺太もシベリアもいらない。ただ平和主義に依り国民の全力を学問技術の研究と産業の進歩に注ぐにある。兵舎のかわりに学校を建て，軍艦の代わりに工場を作る。それが我が国に大きな利益を与える。一，二の国がいかなる大なる軍備を擁するとも，自由解放の世界的盟主として世界から支持を得られるはずだ。

私は，（　石原派　・　石橋派　）です。なぜなら，

世界恐慌における日本の判断はについて，あなたの意見を書いてください。

② 世界恐慌に対する各国の政策を表に整理する。

　アメリカのニューディール政策やイギリス，フランスのブロック経済など世界恐慌に対する他国の対応を整理します。またソ連は，社会主義体制だったため影響をあまり受けなかったことを補足すると良いと思います。

> 👧：世界恐慌に対して，各国はどのように対応していましたか？
> 👦：アメリカは，公共事業を増やすニューディール政策をしている。
> 👧：イギリスやフランスは，自国と植民地以外には高い関税をかけるブロック経済をしている。

③ 日本は世界恐慌の影響を受けたかどうかについて考える。

　日本国内での飢餓や欠食児童，失業者の数などを提示し，大根をかじる子供の写真などを提示し，生活の厳しさを伝えられると良いと思います。

> 👧：子どもが大根をかじっている。欠食児童は約22万人もいたらしい。
> 👦：この時代，子どもは2円から3円で売られていたみたい。日本にも世界恐慌の影響は相当あったみたい。

④ 世界恐慌に対する石橋湛山と石原莞爾の考えについて，グループで議論をし，自分の意見を考える。

　次回の授業である満州事変について，簡単に説明しながら二人の判断についての是非を考え，最終的に自分の意見をまとめる。

> 👧：この状況だったら国民を守るために満蒙に進出することに賛同しちゃうかも。対策がなければ，他の国に植民地にされる可能性もあるから。
> 👧：私は，石橋派に賛成。これでは不況になったら戦争の繰り返しになる。

④ 子どもの育ちをとらえるポイントとフィードバック

石橋派と石原派の意見をめぐって授業は白熱します。ここでは，石原莞爾派のある生徒の感想を紹介します。

> 私は，石原莞爾の意見に賛成です。もう満州に進むしか，劇的に状況が良くなる選択肢がなかったのだと思います。日本は第一次世界大戦で，戦争の旨みを知り過ぎてしまったという話し合いになりました。戦争はお金になるということを理解してしまったのだと思います。実際，世界恐慌だけで不況になったわけではなく，その前に関東大震災によって経済が厳しい状況にあったことがわかりました。欠食児童が増えたり，飢餓で多くの国民が亡くなったりしていたので多くの国民を一気に救うためには，戦争しか方法がなかったのだと思います。もし，アメリカやイギリス，フランスのように自国で解決できるだけの条件があれば，結末は違ったと思うけれど，当時の日本の状況では，何もしなければ破滅するだけだったのではないでしょうか。他国に助けを求めたとしても植民地化されてしまうリスクも高いためできなかったのだと思います。私の意見としては，世界恐慌における日本の判断は「仕方なかった」です。日本史の研究者の意見も聞いてみたいと思いました。

「どう脱出するか？」について議論はどのクラスも五分五分になることが多く，休み時間にはクラスを超えて話す生徒もいました。当時の国家や国民の視点に立って，「自分ごと」として考えさせることで学習に熱が入ると思います。

参考文献 ───────
・歴史教育者協議会著『わかってたのしい中学社会科歴史の授業』大月書店，2002年
・松尾尊兊著『石橋湛山評論集』岩波書店，1984年

7 現代の日本社会を形づくる画期となった出来事は何？

1 教室を熱狂空間にするポイント①

「本物の社会課題と出会い，自分ごととして考えさせる」

　敗戦から79年が経ちます。現代に至るまでには，現代の日本社会を形づくる画期となった様々な出来事が存在します。例えば，生徒にとって身近な学校では，教育基本法が定められ戦後の新しい教育制度の下，男女共学や教育の機会均等などが保障されるようになりました。また小学校６年間，中学校３年間，高等学校３年間，大学４年間とし，小中学校は義務教育となり，現在学習している社会科や家庭科が設けられるなど現代の日本を形づくる出来事であると思います。授業では，主に「政治・制度」「経済・産業」「文化・生活」「国際社会」の４つの観点から，「現代の日本社会を形づくる画期となった様々な出来事」は何かを考え，ダイヤモンドランキングを作成します。「歴史的な出来事と自分とのつながりは何か？」，「課題解決に向けた人々の取り組みは日本社会にどのような影響を与えているか？」など多面的・多角的な視点で分析・評価しながら，自分ごととして考えることが，より良い未来を創る社会の形成者を育てる上で大切だと思います。

> **授業メモ**　授業では，例えば，「東京オリンピックは1964年と2020年の２回が実施されているけれど，日本社会にはそれぞれどんな影響があったかな？」などの問いについて，歴史的な見方や考え方を働かせて特色を把握できるように生徒に声をかけてあげると良いと思います。

2　教室を熱狂空間にするポイント②

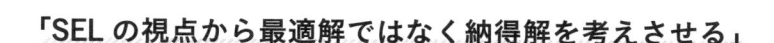

「SELの視点から最適解ではなく納得解を考えさせる」

　ダイヤモンドランキングでは，「なぜその出来事が画期なのか？」を考えるにあたって，「画期はいつ起きたか？」，「なぜその画期が起きたのか？」「近代との違いは何か？現在との共通点は何か？」「国際社会とはどのような関係にあるのか？」など歴史的な見方や考え方を働かせながら，議論を進めることが大切です。例えば，ある生徒は，「福島第一原子力発電所の原発事故は，今も継続中の社会課題でエネルギーの持続可能性については全ての人が自分ごととして考える画期となった出来事だと思う」と意見を発言していたり，また他のある生徒や「私は沖縄出身だから，沖縄の本島復帰を入れたい。観光など，今の日本に沖縄はなくてはならない存在だ」と自分ごととして考えたりする姿が見られました。日本社会を築いてきた様々な人がどんな思いで，その出来事を起こしたのか「感情」にも注目しながら自分たちの「納得解」を作り上げることが大切です。

> **授業メモ**　授業では，ランキングを作りながら「自分たちの班はどの時期の，どの観点が多いか？」など理由と合わせて発表できるように指導すると良いと思います。また，質問時間も十分に確保することが大切です。

3　授業展開プラン

1 現代の日本を形づくる画期となった出来事について検討する。

　ペアになり，戦後から現代までの間で，日本を形づくる画期となった出来事を「政治・制度」「経済・産業」「文化・生活」「国際社会」の四つの観点に整理し，優先度の高いものから最低三つは記入し，自分の意見をノートにまとめます。

現代の日本社会を形づくる画期となった出来事は何？

―ダイヤモンドランキングを通して戦後から現在に続く日本を考えよう―

①戦後から現在までの間で，現代の日本を形づくる画期となった出来事を「政治・制度」「経済・産業」「文化・生活」「国際社会」の四つの観点から考えたとき，どのような出来事が入りますか？ペアで相談しながら一項目に最低三つは記入してみよう！

政治・制度	経済・産業
文化・生活	国際社会

②上の表の中で，あなたが現代の日本社会を形づくる最も画期となったと思う出来事はどれですか？自分の考えを書いてください。

私が最も画期となったと思う出来事は（　　　　　　　　　　）です。

なぜなら，

③「ダイヤモンドランキングを通して，戦後から現在に続く日本を考えよう」次の文章を読み，グループで協力して課題を解決しよう！

みなさんは，歴史の学習の最後の授業で，「現代の日本社会を形づくる画期となった出来事は何か？」について，ダイヤモンドランキングにまとめ，クラスのみんなに発表する予定になっています。次の選択肢は，戦後から現代に続くまでの出来事についてまとめたものです。この選択肢は参考にしてもしなくても構いません。グループでよく，相談してダイヤモンドランキングにまとめてください。

重要高 ↑

	A 東京オリンピック開催
	B 朝鮮戦争
	C 日本国憲法の制定
	D 日中平和友好条約
	E 高度経済成長
	F バブル崩壊
	G サンフランシスコ平和条約
	H 石油危機
	I 55年体制の終わり
	J 沖縄返還
	K 国際連合の成立
	L 東日本大震災

重要低 ↓

理由：

> （先生）：日本を形づくる画期となった出来事をペアで話し合ってください。
> （生徒）：東京オリンピックじゃないかな。経済効果は間違いないし，オリンピックを開けたってことは国際社会にも認められたということだと思う。
> （生徒）：私は，日米安全保障条約だと思う。これによって沖縄の基地問題が今でも社会的な課題として続いているからね。沖縄出身の私にとっては，今でも解決したい重要度の高い問題。観点は政治になるかな。

2 自分が最も画期だと考えた出来事について個人で意見を整理する。

　ペアでの活動が終了した後に，自分が最も画期だと考えた出来事について意見をまとめ，次のグループワークの初めに共有することを伝えます。

> （先生）：次に個人で画期だと思った出来事について意見を整理してください。
> （生徒）：男女普通選挙は民主化の象徴だと思う。日本が復興することになった大きな一歩だと思う。

3 グループで協力して話し合い，ダイヤモンドランキングに意見をまとめる。

　各グループには選択肢を参考にしてもしなくても良いことを伝え，多数決は使わずに全員で話し合い納得解を出すことを伝えると良いと思います。

> （先生）：グループで話し合いダイヤモンドランキングを作成してください。
> （生徒）：多数決はなしだから，とりあえず一人ずつ意見を発表していこう。
> （生徒）：4人が共通で大切にしている出来事は，サンフランシスコ平和条約と日本国憲法の公布だね。
> （生徒）：憲法ができたってことが一番大きいと思う。ここで国民主権，基本的人権の尊重，平和主義の三原則が決められ，今でもこの基本原理が守られているから，日本国憲法は一番でどうだろう？

④ 子どもの育ちをとらえるポイントとフィードバック

　ダイヤモンドランキングは時間をかけて多面的・多角的な視点から検討を重ね，合意形成していくことが大切だと思います。そのため多数決に頼らないように指示を出します。ここでは，ある生徒の感想を紹介します。

> 　ダイヤモンドランキングは，とても時間がかかったが，グループのみんなが大切にしている意見をしっかりと聞いて，優先度の高いものから決めることができたのでよかったです。そして，この話し合いをみんなで協力して完結できたことは少し自信になったと思います。私たちのグループでは，戦後から現代まで日本社会が形作られた最も画期となった出来事の一番は「日本国憲法の公布」ということで落ち着きました。日本国憲法が完成したことで，国をどういうふうに治め，国の仕事をどのように進めるかなど，根本となる規則ができ，国民の権利や自由が戦前よりもしっかり守られるようになったことが，現在にも続いているからです。憲法の意義を国民が理解し，それに則って国家を運営できているからこそ，今の日本があるのだと思います。公民では憲法の学習があると思うので，内容についてしっかりと学習したいと思います。

　授業では，公民の教科書を開きながら，政治や経済，国際関係などについて調べ，そこでの知識を議論に活かしている生徒も見られました。そういう意味で教師は授業の中で「知識が必要となる瞬間をデザインする」ことも大切なのではないかと思います。「解決したい！」という思いがあるからこそ，自分で必要な手立てを見出し，考えていく姿勢が生まれるのだと思います。

参考文献 ————
・教科書用図書『社会科　中学校の歴史　日本の歩みと世界の動き』帝国書院，2020年

8 当事者の視点から考える，原発推進か？それとも原発ゼロか？

1 教室を熱狂空間にするポイント①

「本物の社会課題と出会い，自分ごととして考えさせる」

　筆者は，福島県いわき市の出身であり，本授業で取り上げる「住民対立」の当事者です。2011年3月11日の東日本大震災は，地震や津波の被害にとどまらず，福島県においては，福島第一原子力発電所の事故の発生により人権侵害，風評被害，住民対立など二次的，三次的な被害も数多く発生しました。現在も廃炉作業や帰宅困難地域の人口減少など多くの課題が残っており状況は深刻です。これまで「原発安全神話」のもと，福島県で作られた電力は東京を中心とする首都圏に供給されてきました。そして，福島県もまた「原発マネー」などその恩恵を受けてきたのも事実です。授業では，「原発事故によって何が起きたのか？」について，いわき市で起きた「住民対立」を中心に取り上げ，今後の日本は「原発を推進するのか？それともゼロにするのか？」について考えます。また「あなたの地域に原発を建設するとしたら賛成？反対？」というテーマで議論をさせ，当事者の視点から，今まさに直面する日本のエネルギー問題を考えることが大切です。

> **授業メモ**　授業では，特に福島第一原子力発電所で作られていた電力は，東京を中心とする首都圏で使用されていたことを明確に伝えてほしいと思います。そうすることで，首都圏の生徒は，電気という身近な存在を通して，この問題を自分ごととして捉えることができると思います。

② 教室を熱狂空間にするポイント②

「SEL の視点から最適解ではなく納得解を考えさせる」

　授業では，「あなたの地域に原子力発電所を建設するとしたら賛成か？反対か？」を中心テーマに議論をします。生徒は原発を「受け入れる側」として様々な「感情」と向き合いながら，どのような選択をとるべきか自分たちの「納得解」を導き出すことが大切です。また現実に起きていた実際の話を取り入れて授業を進めると効果的です。例えば，福島第一原子力発電所が立地していた大熊町では原発建設によって人口が増加し，雇用が創出されビリから２，３番目だった町民の分配所得は県でトップレベルになるなど大きな利益を手にしました。一方で，現在も一日4000人が廃炉作業に従事しているなど何十年間もの間，大きなリスクを背負う可能性もあります。また政府の動向や経団連の方針なども参考にしながら持続可能な日本の未来のために，どのような決断を下すべきか本気になって考えさせることが大切です。

> **授業メモ**　授業では，実際の原発事故の深刻さを理解した上で，「自分が原発を受け入れる立場だったらどうするか？」を考えさせてほしいと思います。また原発ゼロがもたらす経済的な影響についても伝えられると良いと思います。

③ 授業展開プラン

1 原発事故後に福島の人々に起きた問題について理解させる。

　原発事故によって起きた問題について生徒には節度を持って自由に発言させます。教師は板書に整理していくと良いと思います。

> 😊：放射能の影響で，農業や漁業では風評被害があった。
> 😊：学校では，放射能についてからかうなど，いじめが問題になった。

当事者の視点から考える。原発推進か？それともゼロか？

―もしあなたの地域に原子力発電所を建設するとしたら賛成？反対？―

①原発事故後に福島の人々に起きた問題にはどのようなものがあるだろう？

②次の毎日新聞の記事を読んでみよう。

　東日本大震災の被災地でありながら，東京電力福島第一原発事故の多くの避難者を受け入れている福島県いわき市では，その「いわき市」にもともと住んでいる住民と原発事故の避難住民との間で「軋轢（住民対立）」が発生し，震災から２年以上が経った今でも続いている。いわき市は，第一原発から約40キロに位置する福島県最大の都市で人口は約33万人，**そこに約２万４千人の避難者が一挙に移住**した。一挙に住民が増えた街は様々な軋みを生んだ。例えば医療機関の混雑。前から医師・看護師不足が顕在化していたところに，避難者たちによる医療機関利用の増加によって元来の住民患者の利用に皺寄せが起きている。住宅，交通，余暇活動などこれはほんの一例なのだが，このような日々の生活で生じる軋轢が「避難住民 VS 元々のいわき市の住民」という感情的対立を生み出しているようだ。感情的対立は一部の人間による嫌がらせ行為へとエスカレートし，昨年の暮れには市関連施設に「避難者帰れ」と黒い文字で落書きされているのが見つかった。（毎日新聞2013年05月24日　東京朝刊より引用）

原発事故後にいわき市では，どのような問題が起きましたか？

....

....

③なぜいわきニュータウン地区で住民対立が起きたのだろう？下の表は実際に当時のいわき市の住民と避難住民の取材をもとに作成したものです。考えたことや感じたことを書いてみよう。

いわき市の住民の声	避難住民の声
・病院が混むようになった。避難者は無料で診察してもらえるから、頻繁に病院に来る。院内が避難所の高齢者のたまり場になっていて利用しにくい。	・税金を払ってないのだからゴミを出さないでと言われた。パートをしようと面接に行ったら「お金ももらっているから働かなくていいでしょ？」と言われた。
・賠償金に差がありすぎる。避難住民は毎月１人10万円。４人家族なら毎月40万に対して、いわきの人は8万円を1回だけ支給で終わり。おかしい。数十キロしか距離が変わらないのに…。	・私なんか東電の作業着を干していたら燃やされましたよ。もちろん全ての人が攻撃的ではありませんが、私だって来ているわけではない。避難してきた人の気持ちも理解してほしい。
・市役所に勤務していて、今でも震災関係の仕事で体を壊しそうだよ。そんな時にパチンコ屋に並ぶ避難住民の方々の行列と駐車場にある高級車の数々を見たら正直、嫌な感情しか湧いてこないよ。	・毎日家にいたら鬱になってしまう。パチンコでもなんでもいいから、外に出たほうがいい。避難所での暮らしは本当にストレス。私たちだって、いわきの人に気を遣って生活しているつもり。
・ドンキホーテに高級品が並ぶようになった。毎日の買い物が混み合うっていて大変になった。車の交通事故も増えたって話を聞いている。	・避難所の隣が高齢者なので毎日気を使う。寝るのが早いからテレビもなるべく音を小さくしています。仮設住宅内でもトラブルがあり、本当に大変です。

・震災バブルが起きている。いわき市民の中でも建設業やサービス業は一気に景気が良くなっているよ。でもそうじゃない業種の人もいるからいわき市民の中でも少し格差があるように感じる。みんな同じ被災者なのにね。	・子どもがニュータウンのお祭りに行きたいっていうから，新しい浴衣を買って行ったら，「原発マネーで浴衣買ったの？」と友達に言われたみたい。泣いて帰ってきた。家で親がそういう話をしているのだと思う。
・避難所の近くのパチンコ屋に勤めてからの売り上げは過去一番です。避難住民に「働けよ」と思うこともあったけど現実逃避の場がパチンコなのだと思う。この辺は娯楽がないからね。単純に批判はできない。	・もう現実的に故郷に戻るのは難しいと思う。これからはいわきに住むしかないと思う。なるべくいわきの人たちに受け入れてもらえるように努力したいと思う。

考えたこと：

○原発事故から13年が経ちました。避難住民の多くは自分の地域に戻って
（　　いる　　・　　いない　　）と思う。

○地域を失うということは，どういうことだろう？

④当事者の視点から「原発推進か？それともゼロか？」について考えよう！

みなさんの住む地域で原子力発電所の建設を検討しています。**あなたの住む地域に原子力発電所を建設するとしたら，皆さんは賛成ですか？反対ですか？**下の表を参考にしながら，グループで意見をまとめてください。

【賛成】	【反対】
・原発マネーで地域が活性化する。 ・コストが安定し電気料金が安い。 ・CO2の発生が少ない。地球環境に良い。 ・雇用創出につながり，若者が都市に流れない。 ・ロシアウクライナ戦争の時のようなエネルギー危機に備えるべき。 ・日本の技術を信用したい。 ・電気が足りなくなる。	・福島第一原発で作られた電気は首都圏に供給されている。首都圏で使うなら東京に建設すべき。 ・地域を失う恐れがある。リスクが大きすぎる。 ・地震大国で確実な安全は無理。 ・原発があることで再生可能エネルギー分野の発展が遅れる。 ・地域のイメージが下がる。 ・原発事故は解決に時間がかかる。

【近年の政府の動向】

原発は重要な「基幹電源」と位置付け2030年時点で電力の20%〜22%をまかなう方針。国民の暮らしや経済活動を支えるためには節電のような苦し紛れの対策は不可能。再稼働の取組を強化することは避けられない。

意見

私の考えは，原発（　推進　・　ゼロ　）です。

2　毎日新聞の記事を読んで，福島県いわき市で起きた問題を整理する。

　新聞記事を読んで，いわき市で起きた問題を整理します。余裕があれば地図で福島第一原発といわき市の場所を確認すると良いと思います。

> 😊：福島県いわき市では原発事故後にどのような問題が起きていましたか？
>
> 😊：もともとの住民と避難住民が対立している。
>
> 😊：病院や交通など生活がしづらくなって軋轢が生まれている。

3　いわきニュータウンで住民対立が起きた理由を当事者の声から理解する。

　住民の「声」を分析し，どんな理由が「軋轢」につながったのかを考えさせることが大切です。また自分の地域で2万人の人口が増えた場合はどのような問題が起こりうるか自分ごととして考えさせると良いと思います。

> 😊：対立や軋轢の理由として，皆さんはどんな理由が印象的でしたか？
>
> 😊：気休めのパチンコくらいは許してあげてほしいな。
>
> 😊：お金が原因。ちゃんと税金を払って，補償も平等にすべきだよ。

4　原発を推進すべきか，それともゼロにするべきかグループで議論する。

　自分の住む地域に原発を建設するとしたら，賛成か？反対か？をテーマにグループで話し合い納得解を出すことを伝えます。

> 😊：私は賛成。地球温暖化などの環境面を考えるとエコだと思う。また電気代が高くならないのは，ありがたい。自分は目先の利益をどうしても優先してしまいそう。だから原発は推進派かな。
>
> 😊：僕は反対。南海トラフとか日本では大地震が起きる可能性が高い。そうなった時のリスクが高すぎる。

4 子どもの育ちをとらえるポイントとフィードバック

　原発を「受け入れる立場」としての議論は白熱します。ここでは，ある生徒の感想を紹介します。

> 　私は条件付きで原発の受け入れに賛成です。電力が自分の地域で使われるのであれば良いですが，他の地域のための電力を自分の地域で作ることには反対です。今まで，福島で作られた電力は東京を中心とする首都圏に供給されていることがわかり，びっくりしました。そういうことを考えたこともなかったからです。原発事故での被害も自分とは関係ないと思っていました。ただ，メリットも多いのも事実です。安全基準をより高く設定して，自分の地域で使うものは，自分の地域で作るというシステムであれば，再稼働してほしいと思います。地域が活性化すれば，学校教育にたくさん予算をかけてもらえるかもしれないし，大学進学や海外留学など，やってみたいことを経済的に厳しいという理由で諦める必要がなくなるかもしれません。道が開けるかもしれないというのが一番の賛成理由です。

　この授業は，地理・歴史・公民すべての要素を含んでいます。ただ東日本大震災は今後何百年と受け継がれていく「歴史的事象」だと考えています。ぜひ歴史の最後に2時間構成で実施してほしいです。そして，原発に関する問題は持続可能な社会を作る上で避けては通れない問題です。だからこそ「自分の問題」としてどう判断をするのか考えさせることが大切です。

参考文献 ————
・加藤公明『考える日本史授業5』地歴社，2023年
・髙田裕行『社会的リスクがもたらす地域コミュニティの問題解決を目指す社会科教育 - いわきニュータウン地区の住民による合意形成過程を事例として -』東京学芸大学大学院教育学研究科修士論文（未刊行），2015年

Chapter 4

教室を熱狂空間にする！

中学校 公民授業 モデル

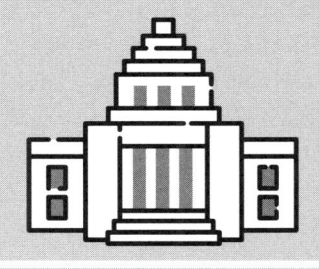

公民的分野 私たちが生きる現代社会と文化の特色

私たちは，出生前診断を　どう評価すべきか？

1　教室を熱狂空間にするポイント①

「本物の社会課題と出会い，自分ごととして考えさせる」

　科学技術の進歩により，高齢化や晩婚化が進む中，脳死や臓器移植，終末期医療，安楽死など生命倫理に関する問題がますます私たちにとって身近になっています。「出生前診断」のテーマは，子どもたちに生命の価値や人を死なせる行為の倫理性について深く考えさせることができます。

　出生前診断とは，妊娠中の赤ちゃんの状態を検査するものです。もし，出生前診断を受けて，産まれてくる赤ちゃんに障害があると分かった時，あなたはどんな反応をするでしょうか？「障害があっても産みたい！」「少しでも情報を集めたい」と前向きに思う人もいれば，「本当に育てられるだろうか？」「産んでいいのかだろうか？」と不安な気持ちになる人もいるでしょう。出生前診断は，近い将来に子どもたちが当事者となる可能性が大いにある本物の社会課題です。だからこそ，自分のこととして考えさせることが大切です。

> **授業メモ**　授業では，「あなただったらどうする？」「もし，あなたのパートナーが出生前診断を受けたいといったら，賛成する？反対する？」など子どもが，自分ごととして捉えられるような声かけをしてあげてほしいと思います。ただし，年齢的にまだ実感がわかない生徒もいると思います。そのような子どもには，「友達の意見を聞いてどう思った？」などと伝えましょう。

② 教室を熱狂空間にするポイント②

「SEL の視点から最適解ではなく納得解を考えさせる」

　出生前診断を受けた人の９割は中絶を選択しています。私たちは幼い頃から「どんな命でも守るべきだ」と教えられますが，現実は，必ずしも理想通りにはいきません。「障害の有無で中絶を選ぶことは差別を助長する」「産まれてくる子供の立場で考えたら殺人」「誤判定の可能性があったらどうする」といった厳しい声も多くある一方，障害を抱えた子を育てることが並大抵のことではないということも知っておくことが大切です。理想と現実の間で，自分が納得できる「解」を見つけ出すことが大切です。

授業メモ　　答えは一つではありません。どの意見にもそれぞれ正義があり，社会と個人の「最適解」はぶつかり合うことが必ずあります。子ども達の様々な意見を取り上げながら，多面的・多角的な視点を想定して，何が自分にとって「納得解」なのか，自分の感情と向き合い，追究することが，子どもたち一人一人にとってより真正な学びに繋がります。

③ 授業展開プラン

1 コラムについて考えたことや感想をワークシートにまとめる

　最初に「ダウン症の長男の将来を悲観した妻に頼まれ，２人を殺害した夫に対する裁判」のコラムを読み，感想をワークシートに記入させます。なるべく多くの生徒に意見を発表させます。

> :胸が痛い。障害をもつ子を育てることの大変さがわかった。
> :殺害するのはダメだけど，夫婦には同情する。自分でも同じように３人で心中する判断をするかもしれない。
> :障害の程度にもよるけど，何十年も育てることは簡単なことではない。

出生前診断をどう評価すべきか？

―10年後は自分の問題になるかもしれない。命について考える―

①次のコラムを読み，考えたことや感想を自由に書いてみよう。

　2009年悲しい事件の判決が「さいたま地裁」で言い渡された。ダウン症の長男（27歳）の将来を悲観した妻（53歳）に頼まれ２人を殺害した夫（57歳）に対する裁判である。夫は公判で体調が悪化して長男を介護できない自分を責める妻に「３人で死のう」といわれ，「決心した」と語った。長男の知能は２〜３歳レベルで生後間もなく医師に「20年ほどしか生きられないのでは」といわれ，夫婦は「子供に罪はない，この20年を大切にしてあげよう」と誓った。だが介護は過酷だった。食事やトイレも付きっきりで妻が世話をした。自分の便を口に運ぶ長男を抱きしめ泣いたこともあった。成人する長男は暴れたり，妻の髪の毛を抜いたりもした。妻の体調はますます悪化し「３人で死のう」と夫に心中を求めるようになったという。2009年夫は就寝中の妻，息子を殺害し，自らも自殺しようとするが，死にきれず「死刑にしてほしい」と公判で訴えた。

感想：

②出生前診断とは何だろう？

　2013年から日本でも本格実施となった**妊娠中のお母さんの血液を採っておなかの赤ちゃんに染色体の異常（ダウン症）があるかどうか調べる検査を出生前診断**といいます。ダウン症の確率は，1000人に１人と言われており，高齢出産になればなるほど，確率が高くなり，女性の社会進出が進み，晩婚化が進む日本でも大きな関心を集めています。出生前診断は，障害があっても生まれてくる赤ちゃんの状態に合わせ最適な環境を検討することを目的としていますが，ダウン症とわかることで中絶する人も多いことが課題となっています。

★今の時点で，この出生前診断についてあなたは，（　賛成　・　反対）

理由：

....

....

....

③出生前診断について社会の「声」を聞いて，グループで話し合ってみよう。

A　どんな命でも守るべき　【反対論】

B　育てられるかしっかり考えるべき　【賛成論】

反対論	・赤ちゃんがダウン症だとわかったら「中絶」する人が増えるのではないか。障害があるかないかで命の選別になるのではないか。 ・生まれてくる赤ちゃんには罪はない。どんな状態であっても責任を持って育てるべきだから診断は必要ない。 ・命を軽く見ることにつながってしまう可能性がある。
賛成論	・障害のある子どもを育てるというのは，綺麗事ではない。 ・障害があっても，産む前に心の準備ができる。しっかりとした情報をもって出産にのぞめる。 ・産んで後悔したくない。

④現実では，出生前診断に対してどのような対応をする人が多いのだろう？

★出生前診断についてあなたは，（　賛成　・　反対　）

....

....

....

2 出生前診断について「賛成」か「反対」かについて考える。

　出生前診断の目的を丁寧に説明した後，この出生前診断に「賛成」か「反対」かについて考えさせます。板書をしながら，意見を整理するとわかりやすくなります。意見が決まったら，全員の生徒のネームプレートを黒板に貼らせても良いと思います。

　：2013年からおなかの赤ちゃんに染色体の異常（ダウン症）があるかどうか調べる検査として出生前診断が始まりました。目的と影響を考えて自分の意見を書いてみよう。

　：賛成。出産前に赤ちゃんの状態を知っていた方が安心だから。

　：反対。妊娠するだけでも大変なのに，さらに精神的な負担になる。

---

3 出生前診断について社会の声を提示する。

　ここでは社会の本物の声を隠さずに伝えることがポイントです。その後グループで議論させるとより多様な意見に触れることができると思います。

　：出生前診断に対して皆さんは賛成ですか？反対ですか？グループで意見をまとめてください。

　：出産や子育ての準備をしっかりできるから賛成。

　：育てるのは簡単なことではない，綺麗事では決められないから賛成。

　：障害の有無で命の選別がされる可能性があるから反対。

　：赤ちゃんに罪はないので反対。どんな子でも責任をもって育てるべき。

---

4 出生前診断に対しての自分の意見を発表する。

　最後に教師から出生前診断に対しての人々の対応について新聞等を活用しながら説明し自分の意見を発表します。自分なりの納得解を出していきます。

授業は，想像以上に白熱します。ある生徒の感想を紹介します。

> 私は賛成です。もし自分が産む立場だったら知っておきたいなと思います。ダウン症があってもなくても，知っておいた方が気持ちの整理や準備も進められると思ったからです。生まれてから知った方が混乱してしまうと思いました。しっかりと２人で命に向き合っていくことが大切だと思うし，病気があるからという理由だけで判断するのではなく，何が一番納得できるのか，自分や子どもの未来についてしっかり考えて判断できるようになりたいと思います。

　この感想を書いた生徒は，学習に対する意欲はあまり高くなく，社会科にも苦手意識をもっていました。しかし，普段の授業とは違い今回の課題に対しては自分が納得のいくように答えを追究しようとする姿勢が見られました。それは生徒自身が出生前診断というものに対して「考えたい」と思い，「自分ごと」と捉えたからだと思います。また，今回取り上げたさいたま地裁の判決では，死刑を求めた夫に対して裁判所が出した答えは「懲役７年」だったそうです。裁判官は「長男がダウン症で生まれてきたことには必ず意味がある。あなたが生き残ったことにも意味がある」と諭したそうです。「残された人生を有意義に生きてほしい」と裁判長に言われ，夫は「はい」と一礼して法廷を去ったそうです。このような社会の判断についても生徒に共有することで課題への理解や見方が深まると思います。

参考文献
・室月淳著『出生前診断の現場から　専門医が考える「命の選択」』集英社，2020年
・朝日新聞「声」（2013．4．28「ダウン症の娘を育てた喜び」他）
・朝日新聞「陽性だったら揺れる覚悟」（2013．4．28）

Chapter 4　教室を熱狂空間にする！中学校公民授業モデル

2 アファーマティブ・アクションは差別か？平等か？

1 教室を熱狂空間にするポイント①

「本物の社会課題と出会い，自分ごととして考えさせる」

　どの時代においても差別の問題は，解決すべき社会課題であり，「平等」は誰にでも保障されなければなりません。だからこそ，「真の平等とは何か」について「公正」「正義」という視点をもちながら，自分ごととして考えていくことが大切です。差別を積極的に是正するアファーマティブ・アクションは，多様性を促進したり，公平な活躍の機会を与えたりする一方で，逆差別を助長する危険性も指摘されています。優遇枠の設定により，個人の実力ではなく，マイノリティかどうかが合否基準になってしまう恐れもあり，公平な視点での評価がされないことは多数派への差別にも繋がります。授業では「優遇枠のせいで入試に落ちたら納得できない」，「優遇枠がないと苦しい人々もいる」など多様な声に寄り添いながら，実社会で起きた事例を取り上げ，何が公正で，何が平等なのかを議論し，社会全体で特定の集団に対する不平等や差別を改めるために必要なことを考察していきます。

> **授業メモ**　授業では，「あなたが外国人だったら？」「障害を抱えていたら？」など差別をマジョリティ側が自分ごととして捉えられるかがポイントになります。マジョリティ側の人々が持つ特権を自覚させることが重要です。そうすることで，真の平等や多様性を実現するために社会はどのようにあるべきなのか深く考えることができると思います。

2 教室を熱狂空間にするポイント②

「虫の目・鳥の目・魚の目から多角的に物事を考えさせる」

　アファーマティブ・アクションに対する賛成意見と反対意見を考えさせる際には，マジョリティの視点とマイノリティの視点から多面的・多角的かつ自分ごととしてその是非について議論させることが大切です。例えば，「高校入試で優遇措置のために第一志望に落ちたらどう思う？」や「あなたに障がいがあったとしたら，この制度を活用したい？」「社会全体を考えるとどう？」「マジョリティにもマイノリティにも公正な社会って？」など，さまざまな視点から真の意味で平等な社会のあるべき姿を追究させることが大切です。

> **授業メモ**　授業の中で感じた「モヤモヤ」を納得いくまで「対話」させ，賛否の根拠をしっかりと明確にして意見を述べるようにしてほしいと思います。マジョリティ側の特権は何かを自覚し，マイノリティ側にしかわからない「感情」や「苦しみ」は何かを自分で考え，価値観をアップデートしていくことで，自分が無意識に差別をする側になることも防げるはずです。

3 授業展開プラン

1 日本国憲法14条の穴埋めをしよう

　最初に教科書を用い，日本国憲法14条について確認をします。日本国憲法が平等権を明記していることを確認します。

> 😊：日本国憲法の14条にはどのようなことが明記されていますか？
>
> 😊：すべて国民は法のもとに平等であると書かれています。
>
> 😊：人種・性別・信条・社会的身分又は門地により経済的又は社会的関係において差別されないと書かれています。

アファーマティブ・アクションは差別か？平等か？

> ―真の平等とは何か？自分ごととして考えよう―

①日本国憲法14条をみて，下の（　）に当てはまる語句を記入しよう！

> すべて国民は，（①　　　　）に平等であって，（②　　　　），（③　　　　），
> （④　　　　），社会的身分又は（⑤　　　）により，政治的，経済的
> 又は社会的関係において，（⑥　　　）されない。

②これって差別？それとも合理的差別？

問題①：英語の授業で，学力別にクラスを二つに分けた。

（　差別　・　合理的差別　）

問題②：野球部でグラウンド整備は一年生が担当し，上級生は担当しない。

（　差別　・　合理的差別　）

問題③：銭湯で，外国人という理由で入場を断られた。

（　差別　・　合理的差別　）

問題④：LGBTQ の男子生徒（心は女性）に男子トイレを使用させる。

（　差別　・　合理的差別　・　要検討）

③これまでどんな差別問題があったのだろう？教科書を見て，整理しよう！

差別問題	内容
（部落差別）	江戸の「えた・ひにん」の身分は明治により解放令で廃止されたが，差別は根強く残っていた。政府は1965年に（同和対策審議会の答申）を受け止め，差別を解消するための法律を制定した。
（アイヌ差別）	1997年に（アイヌ文化振興法）を制定し，アイヌを民族として初めて法的に位置づけアイヌの人々が尊重される社会を目指した。2019年には（アイヌ施策振興法）が成立し，アイヌ文化の継承に向けた様々な取り組みが決められた。
（障害者差別）	障害による差別撤廃を目的に1993年に（障害者基本法）が制定され公共施設のバリアフリー化や視覚障害者誘導用ブロックを備えた道路整備が進められた。2013年には（障害者差別解消法）を制定し，障害によって不当な差別的扱いを禁止した。

★アファーマティブ・アクションとは何だろう？

> アファーマティブ・アクションとは，性別や人種などの理由で差別を受けている人たちに対する格差を積極的に是正するための優遇措置のこと。

④九州大学理学部入試のアファーマティブ・アクション，あなたの見解は？

> 　九州大学理学部は，2010年3月に2012年度の一般試験から，数学科の後期日程定員9人のうち，5人を女性枠とすると発表した。その理由として「優秀な女性の人材を育成しないのは社会にとって損失」「女性ならではの視点と感性で教育，研究に多様性をもたせたい」「女性研究者を増やす」といったことが挙げられる。これについてあなたは賛成ですか？反対ですか？グループで話し合ってみよう。

賛成	反対

※もし，あなたがアファーマティブ・アクションによって不合格になってしまっても納得できる？
※この制度によって多くの人が機会の平等や結果の平等が保障されるとしたらどうだろう？

⑥九州大学理学部の入試に対する自分の意見を書いてみよう！

私はアファーマティブアクションに（賛成・反対）なぜなら，

2 クイズを通して「差別」と「合理的差別」について考える。

クイズを通して，あっても良い差別とあってはいけない差別を考えます。

> 🧑：これって差別？それとも合理的差別かな？
> 👧：英語の学力別のクラスは合理的差別。数学も少人数クラスとかあるし。
> 👧：グラウンド整備は日本では合理的差別かな。そういう伝統があるよね。
> 👧：外国人という理由で入場を断わるのは差別だと思う。14条に反する。
> 👧：LGBTQ のトイレは要検討だね。

3 これまでに日本ではどんな差別問題があったのかを理解する。

教科書と資料集を見ながら，部落差別，アイヌ差別，障害者差別について整理し，法整備について確認する。

4 九州大学理学部入試のアファーマティブ・アクションについて，議論する。

アファーマティブ・アクションについて差別を積極的に是正するための優遇措置であることを確認した後，九州大学理学部入試の事例をもとに賛否を議論し，自分の考えを発表する。

> 🧑：アファーマティブ・アクションについて賛成ですか？反対ですか？
> 👧：賛成。女性枠があることで入学しようとする人は増えるはず。理学部に入りづらさを感じている女性にとってはチャンス。
> 👧：努力して受験勉強してきたから平等に評価してほしい。合格地点にいても優遇制度のせいで落とされたら悲しい。
> 🧑：自分がマイノリティの側だったらどう思う？誰にとっても平等な社会ってどんな社会だろう？
> 👧：賛成。マイノリティ側はスタートラインが同じじゃない。不公平。
> 👧：反対。能力のある人が合格しないのは，社会全体としてマイナス。

④ 子どもの育ちをとらえるポイントとフィードバック

議論は，想像以上に白熱します。ある生徒の感想を紹介します。

> アファーマティブ・アクションに賛成です。自分が障害をもっている
> として，まず健常者と競争しようとは思わない。確実に負けることが目
> に見えているから。例えば，足に障害をもっている人が，普通の人と
> 100M走を競っても負ける。そもそもの条件が違うから不平等だと思う。
> ただ障害者枠というものがあれば，「挑戦してみよう」という前向きの
> 気持ちになる。競う相手は他の障害者だから負けたら自分の努力が足り
> なかっただけって納得できるし，企業がそういった優遇措置を採用して
> くれることは，良いことだと思う。障害者の方の中には，健常者以上の
> 特別な能力をもっている人もいるはずだから，そういった得意なことを
> 活かせる環境や社会こそが真の平等だと思います。そして，授業の中で
> 何度も先生が言っていた，多数派の特権という言葉をしっかり考えたい
> と思う。「男だから」「日本人だから」「習い事ができる」「旅行に行け
> る」これらも全部特権であり，当たり前ではないということは理解して
> 少数派の立場を考えられる大人になりたいです。

　ある女子生徒は，「今まで出会った校長先生はみんな男性でした。これも，アファーマティブ・アクションで変えられますか？」と聞いてきました。批判的に検討しつつも，自分の問題として考えているからこその発言だと思います。色々な意見に触れながら，様々な角度から検討していくことが大切です。

参考文献 ―――――――――――
・有田佳代子，志賀玲子，渋谷実希ほか『多文化社会で多様性を考えるワークブック』研究社，2018年
・「指導案（４）大学入試のアファーマーティブ・アクションについて考えよう」法教育推進協議会『高校生向け法教育教材未来を切り拓く法教育：自由で公正な社会のために』2019年

3 オールジェンダートイレの導入，あり？なし？

1 教室を熱狂空間にするポイント①

「本物の社会課題と出会い，自分ごととして考えさせる」

　LGBTQ＋が性的マイノリティの方々を意味する言葉であることは，今や多くの人が認識するようになりました。LGBTQ＋の割合は，全人口に対して約10％ほど存在しており，誰にとっても身近で本物の存在です。今回は，新しい人権の一つとして，多様な性のあり方に配慮した「オールジェンダートイレ」をテーマに誰一人取り残さない社会を考えます。TOTO や LIXILの調査によると，LGBTQ＋当事者の65％がトイレの使用にストレスを感じていることがわかっています。またトイレの使用に関して，嫌がらせや差別的発言を受けることも少なくなく，解決すべき課題の一つです。一方で，「トイレのプライバシーが守られない」「犯罪につながるのでは？」などの声も多く，世界と比べても遅れをとっているのが現状です。授業ではオールジェンダートイレに対し，多面的・多角的に考察することはもちろんのこと，賛成・反対の議論だけでなく，誰もが安心して利用できるトイレの実現に向け，LGBTQ＋当事者の立場に立ち，自分ごととして考えることが大切です。

> **授業メモ**　授業では，「自分が LGBTQ＋の当事者だったらどう？」「トイレが一緒だとどんな問題が起きる？」「海外はなぜオールジェンダートイレの普及が日本より進んでいるのだろう？」など**多面的な視点かつ自分ごととして考えること**が大切です。誰一人取り残さない社会のあるべき姿について「新しい解」を議論し，深く考えることが大切です。

② 教室を熱狂空間にするポイント②

「SELの視点から最適解ではなく納得解を考えさせる」

オールジェンダートイレに関する反対意見の多くが「女性の安全」を心配する声が多く占めます。「盗撮する人がいたらどうしよう？」「利用目的とは思えない男性がたむろしたら？」など不安は尽きません。一方で，「介護を必要している人が異性の場合は便利」「トイレを通して性的マイノリティの人々への理解が促進することは良いこと」などといった声も多くあります。そんな人々の感情に寄り添いながら多様性の尊重とは何か？私たちの社会にとって納得できる「解」とは何なのかについて，海外の事例等も取り入れながら，試行錯誤し，グループで議論を深め，合意していくことが大切です。

> **授業メモ**　授業では，感情に焦点を当てて議論を進めてほしいと思います。「男性も女性もLGBTQ＋の当事者もどんな場面に抵抗を感じる？」など様々な角度から「対話」させてほしいと思います。また，この問題に対して，多くの人々が「納得」する解とは何か，アイディアを出し合い，試行錯誤を重ねながら改めて多様性の尊重とは何かについて考えてほしいと思います。

③ 授業展開プラン

1 新しい人権についてクイズを通して理解する。

最初に教科書を用い，時代や社会の変化に伴って誕生した新しい人権について確認をします。その後，クイズをしながら四つの人権について解説します。ここでは生徒とのやりとりの一例を紹介します。

> ：時代の変化や社会の変化により誕生した人権を新しい人権といいます。
>
> ：では，これからも新しい人権は増える可能性はありますか？
>
> ：あると思います。

オールジェンダートイレの導入，あり？なし？

> ―令和の新しい人権について考えよう―

時代や社会の変化に伴って誕生した人権を（　　　　　　　　　　）と言います。

①「新しい人権」には，どのようなものがあるのだろう？

問題①：家の前に急にタワーマンションが建ち，一日中日が当たりません。

（　　許される　・　許されない　）

> 良好な環境で生きる権利（　　　　）や十分な日照の家に住む権利（　　　　）
> も新しい人権の一つです。

問題②：休日に先生が女性と一緒に歩いているところを見た。みんなに共有
したくて，勝手にインスタのストーリーにアップした。

（　　許される　・　許されない　）

> 個人の私的な生活や情報を他人の干渉から守る権利を（　　　　　　　　）
> といいます。SNSの影響もあり，2005年には企業や地方公共団体で個人情報を
> 適切に扱うことを義務付ける（　　　　　　　　）が定められました。

問題③：政府は新型の感染症患者が10人以上いたが，国民が混乱すると考え，
世間に公表しなかった。

（　　許される　・　許されない　）

> 国民が政治に正確な情報をもって関われるように，国家が保有している情報の
> 公開を求めることができる（　　　　　　　　）が保障されている。知る権利を
> 具現化するために情報公開法などが定められています。

問題④：余命1年のがん患者が，治療で苦しみたくないという意思を示した
ため，医師は最善の治療法より，痛みの少ない治療法を選択した。

（　　許される　・　許されない　）

> 自分の生き方や生命・健康に関する事柄は自らが決定できる権利を（　　　　）
> という。医療の分野では，治療法の決定は本人の同意（　　　　　　　　）
> が必要だとされている。

②令和の新しい人権！オールジェンダートイレの導入について考えよう！

令和時代の新しい人権として，LGBTQ＋の方々に対するジェンダートイレが課題として取り上げられている。2023年4月に，東急歌舞伎町タワーに，ジェンダーレストイレが導入された。LIXIL の調査によると，LGBTQ＋当事者の65％が大なり小なりトイレの使用にストレスを感じていることがわかった。トイレの使用に関して，嫌がらせや差別的発言を受けることもしばしばあるという。そのような問題を受け，トイレの性別区分をなくし，性別に関係なく利用が可能なオールジェンダートイレが鳥取大学や MEGA ドンキホーテ渋谷本店，成田空港などで取り入れられている。しかし，不安視する声も多く聞かれる。誰一人取り残さない社会の実現に向けて，あなたはこのジェンダーレストイレに賛成ですか？反対ですか？班で話し合って意見をまとめてください。

賛成	反対

※もし，あなたが LGBTQ＋の当事者だったらどうだろう？
※海外の国々は，この問題に対してどのように取り組んでいるのだろう？

③オールジェンダートイレに対する自分の意見を書いてみよう！

> :家の前に急にタワーマンションが建ち，一日中日が当たらなくなってしまいました。皆さんは許せますか？
>
> :ずっと日陰は無理。洗濯物も乾かないし，気分も落ちる。許さない。
>
> :そうですよね。こういう良好な環境で生きる権利のことを環境権といいます。また十分な日照の家に住む権利を日照権といい，新しい人権の一つです。他にはどんな事例があると思いますか？
>
> :家の近くに急に空港ができたら，騒音がすごいので環境権の侵害！
>
> :そうですね。例えば教科書にある大阪空港公害訴訟は，まさに環境権が争点になっています。

2 令和の新しい人権！オールジェンダートイレの導入にについて，議論する。

　LGBTQ＋の方々の立場に立ち，トイレの性別区分をなくし，性別に関係なく利用可能なトイレが設置されていることを確認後，多様な性のあり方に配慮した「オールジェンダートイレ」をテーマに，そのあり方について議論を深め，誰一人取り残さない社会について考えます。

> :オールジェンダートイレに賛成ですか？反対ですか？
>
> :賛成。実際に性的マイノリティの方々が使いづらさを感じているのであれば，より良いトイレの形，あり方を考えていくことは自然だと思う。誰一人取り残さない社会にもつながると思う。
>
> :反対。私はトイレから急に男の人が出てきたら嫌だ。抵抗がある。狭い空間だし，カメラがあるわけでもないから犯罪の危険性を感じる。
>
> :賛成。介護が必要な人は介助者が異性だった場合は利用しやすい。今後の高齢化社会に向けて介護の場面は多くなるはずだから，いずれ直面する問題なので今のうちにオールジェンダートイレを導入した方がいい。
>
> :反対。作り直す費用も高そう。違うところに税金使ってほしい。

④ 子どもの育ちをとらえるポイントとフィードバック

議論は，想像以上に白熱します。ある生徒の感想を紹介します。

> 　私は，オールジェンダートイレに賛成します。まず，海外の国では，たくさんの学校や公共施設でオールジェンダートイレが使われており，当たり前の風景になっています。例えば，アメリカやカナダでは，どんな性別の人でも使えるトイレが増えていて，みんなが安心して使えるようになっています。大きな問題もなく，トイレに男女混合の列ができることも普通にあるそうです。また，この事例を調べてみて，性的マイノリティの人たちを大切にすることができる国という印象も受けました。LGBTQ＋の人たちは，普通のトイレを使うときに不安や差別を感じることがあるので，オールジェンダートイレなら安心して使えます。そして，みんなが平等に使えるトイレは，誰も取り残されない社会を作る一歩です。だから，オールジェンダートイレはみんなに優しいトイレだと思います。しかし，不安な声があるのも無視できないので，ルールやマナーを規定したり，学校で教育したりすることも大事だと思います。子供の頃から男女混合のトイレやLGBTQ＋の人々への理解が進めば，問題はなくなると思います。

「日本はトイレが綺麗だけれど，海外からLGBTQ＋の人たちが日本に旅行にきた時にだいぶ困る」と深刻そうに話していました。確かに誰でも利用できるというのは，「日本人」に限った話ではありません。だからこそ，誰もが生活しやすい社会の実現に向けみんなで議論を重ねながら，新しい解を作っていくことが大切です。

参考文献 ─────
・からたちはじめ著『ぼくは性別モラトリアム』幻冬舎，2020年

Chapter 4 教室を熱狂空間にする！中学校公民授業モデル

4 新島と式根島に橋を架けたい！税はどう集める？

1 教室を熱狂空間にするポイント①

「SEL の視点から最適解ではなく納得解を考えさせる」

例えば，あなたに２億の収入があるとします。そして，税額は「9000万円です」と言われたらあなたはどう感じますか？「え？あれだけ一生懸命働いたのに半分も税金に取られるの？」と疑問に思う人もいれば，累進課税の意義を理解し，「所得の格差があるから，能力に応じて分配するのは仕方がない」と納得する人もいるかもしれません。一方で，「所得が高い人から税を取ればいい。苦しい人に増税は厳しい」「高齢者や障害者など社会的弱者の税負担は免除した方がいい」と批判する人も現実にいると思います。税金の問題は，生徒にとって身近でありながらも遠い問題です。授業では累進課税制度の意義やあり方を吟味し，「真の公正とは何か」について，自分ごととして考えることが大切です。また公平な税制とは何かを考えるワークショップでは，他者の感情や意見を傾聴し，歩み寄りながら「納得」できる解を議論し，合意していくことが大切です。

> **授業メモ** 授業では，所得の高いグループと低いグループの税の配分を比較しながら，議論させると白熱します。「収入が少ない人の気持ちになってよ」「自分が努力して稼いだお金なのだから」など葛藤や対立が生まれるでしょう。人々や社会にとっての「幸福」「公正」「正義」とは何かを議論し，合意するための着地点を見つけることが大切です。

2 教室を熱狂空間にするポイント②

「虫の目・鳥の目・魚の目から多角的に物事を考えさせる」

　税制の問題は，生徒にとって身近でありながらも，その効果を実感しにくいため，様々な視点から税のあり方について考えることが大切です。「そもそも新島と式根島に橋は必要なのか？」「島民が税を負担すべきでは？」，「直接税ではなく，間接税から資金を集めるのはどうだろう？」などそういった声も拾いながら，公平な税制のあり方について考えさせることが大切です。また次の時間で扱う警察や消防など多くの公共サービスや社会資本についても触れ，税の使い方のあるべき姿を考えさせることが深い学びにつながる上で大切です。

> **授業メモ**　授業では，税を配分するときに，「収入が300万や200万のグループから税金を300万とったら生活していける？」など実際に日本には生活保護の対象者が200万人以上いることなども取り上げながら，様々な状況の人々がいるということを理解させることが大切です。

3 授業展開プラン

1 全ての島民の所得が1000万円だった場合，税金を公平に集めるためにはどのように配分するか考える。

　最初に，新島と式根島の場所を確認する。その後，この２つの島に税金で橋をかけるための税分配について話し合うことを説明する。

> 　：島民の所得が1000万だった場合，どのように税金を負担しますか？
> 　：最も公平な金額は300万円ずつ。
> 　：全てのグループが300万ずつですね。

新島と式根島に橋を架けたい！税はどう集める？

─公正な税制とは何だろう？─

次の文章を読んで，みんなが「納得」するように公平に税を集めよう！

> 新島村は新島と式根島からなる２村１島の島です。通常新島と式根島間の移動は連絡船「にしき」で移動しますが，高齢化に伴って船舶の運転ができる人が減ってきています。そこで新島と式根島に橋を架けることになりました。費用は1800万円です。税金はどのように集めれば良いでしょう？

①全ての島民の所得は1000万円です。税金を公平に集めるためには各グループからどのように集めますか？税金の金額を書いてください。（１回目）

	所得	税金	残り
1 班	10,000,000円		
2 班	10,000,000円		
3 班	10,000,000円		
4 班	10,000,000円		
5 班	10,000,000円		
6 班	10,000,000円		
合計	60,000,000円	18,000,000円	

なぜそのように集めましたか？

....

②島民の所得が違う場合はどうしますか？なるべく税金を公平に集めたいと考えています。（２回目）

	所得	税金	残り
1 班	25,000,000円		
2 班	15,000,000円		
3 班	10,000,000円		
4 班	5,000,000円		
5 班	3,000,000円		
6 班	2,000,000円		
合計	60,000,000円	18,000,000円	

なぜそのように集めましたか？

....

★所得が高い人ほど，税金の割合が高くなる制度があり，それを（★累進課
税制度）といいます。

所得額	～195万円	～330万円	～695万円	～900万円	～1800万円	～4000万円	4000万円～
税率	5％	10%	20%	23%	33%	40%	45%

※上の表を参考にすると，所得が100万円の人は，税率が5％のため，税額は（　　　　円）とな
り，所得が1000万円の人は税率が33％のため，税額は（　　　　円）となります。1億円
なら4500万円です。

③累進課税の税率を上げるべきかどうか議論がされています。不況が続く日
本ですが，あなたは税率を上げることに賛成ですか？反対ですか？

賛成	反対

④最後に，累進課税制度を参考に，もう一度税金をどのように集めるか考え
てみてください。日本には生活保護を受けている人が200万人以上います。
（3回目）

	所得	税金	残り
A班	25,000,000円		
B班	15,000,000円		
C班	10,000,000円		
D班	5,000,000円		
E班	3,000,000円		
F班	2,000,000円		
合計	60,000,000円	18,000,000円	

⑤公正な税制とは何だろう？感想を書いてみよう！

2 次に島民の所得が違った場合，税金を公平に集めるためにはどのように配分するか考える。

　6つにグループ分けし，グループごとに所得が違うことを説明する。その後，それぞれの班で公平な税分配について考える。

> 🙂：私たち5班は300万も払えないので，5班と6班は税負担を免除し，1班から4班で税金を負担してもらいたいよね。
>
> 🙂：1班は半分の900万出すから，あとは他の班で分配したらどうかな？
>
> 🙂：どの班も300万で公正にすべきでしょう。

3 累進課税について理解した後，税率を上げることに賛成か反対か話し合う。

　所得に応じて税率が決まっており，その税率に応じた税を納める仕組みであることを理解する。

> 🙂：賛成。収入が高いのだから，格差を小さくする上で必要だと思う。
>
> 🙂：反対。働く気をなくす。税が嫌で海外に移住する人が増えるかもね。

4 累進課税を参考に，再度，島民の所得が違った場合の税の配分を考える。

　生活保護受給者の数なども紹介し，もう一度公平な分配について議論する。

> 🙂：6班からはとりあえず徴収は無理でしょ。収入が0円になるからね。
>
> 🙂：1班としては，負担額大きいんだから税金は正しく使って欲しいね。
>
> 🙂：中間層の4班は意外と生活が大変かもしれないね。

5 公平な税制について，授業で考えたことや感じたことを書く。

　身の回りにあるものが税で成り立っていることを踏まえ，公正な税制とは何かについて考えさせる。

④ 子どもの育ちをとらえるポイントとフィードバック

ワークショップは，白熱します。ある生徒の感想を紹介します。

> 　税の分配の仕方は本当に難しいと思いました。私は，助け合う社会の
> あり方には大賛成です。職業によって収入の格差は出てしまうし，都市
> と地方というだけでもだいぶ違うと思う。また障害を抱えていたり，子
> 育てや出産などで働きたくても働けない人もいるから，基本的には収入
> の多い人が負担すべきだと思う。だけど，授業の中で話題になった収入
> １億円の人が4500万円も税を支払うのは，自分だったら納得いかないか
> もしれない。性格上やる気をなくしてしまうと思う。だから直接税の累
> 進課税は下げて，消費税などの間接税をイギリスとかフランスみたいに
> ５対５くらいの比率にすればより公平な税制になるのではないかと思い
> ました。今回の授業を通して，私は所得が一番高い１班のグループだっ
> たけど，多くの税金を払うからこそ，税金を正しく有効に使って欲しい
> と心の底から思いました。

　授業後には，「救急車や消防車は税金なのだから，本当に緊急の場合じゃ
ないと呼んじゃダメ」と呟やく生徒がいたり，消費税だと「所得の高い低い
に関係なく負担するから，所得の低い人は辛い」「貯金とかにも回せない」
など累進課税制度の意義について言及したりする生徒の姿も見られました。
これは納税者として税金の使い道について，「自分ごと」として考えられて
いる証拠だと思います。

参考文献 ————————————
・「東京都公民科社会科教育研究会での宮崎三喜男先生の研究授業のプリント」2012年
・加藤好一『新・公民授業プリント』地歴社，2010年

Chapter 4 教室を熱狂空間にする！中学校公民授業モデル

5 世界遺産！小笠原諸島に空港は作るべき？

1 教室を熱狂空間にするポイント①

「本物の社会課題と出会い，自分ごととして考えさせる」

　小笠原諸島は，動植物が独自の進化を遂げ，原生的な森や山が残ることから「東洋のガラパゴス」とも称され，2011年には世界自然遺産にも登録されています。人口は，約2500人で，ボニンブルーと呼ばれる紺青の海は観光客から圧倒的な人気を誇っています。そんな小笠原での空港建設計画が初めに提案されたのは1989年でした。そこから長い間議論が展開されるも未だに結論が出ておらず，現在進行形の社会問題でもあります。実際のところ小笠原諸島に暮らす島民の方々からは空港建設について様々な声が上がっています。例えば，「急病人等の内地への搬送に利用したい」と賛成の声もあれば，「観光客が今以上に増えることで，治安の悪化や自然環境への影響が心配だ」という反対の声もあります。授業では，日本の国における小笠原諸島の役割や位置付け，歴史なども紹介しながら今を生きる島民の想いを自分ごととして捉え，さらに持続可能な社会の未来を見据えて，あるべき世界遺産「小笠原諸島」の姿に迫っていくことが大切です。

> **授業メモ**　授業では，小笠原に空港ができて利益を得る人やもの，不利益を被る人やものは何か「人間」に限定するのではなく，幅広い視点から捉えると良いでしょう。また世界遺産のもつ意義やそこに暮らす人々の想いにも寄り添いながら，自分のこととして考えることが大切です。

2　教室を熱狂空間にするポイント②

「SEL の視点から最適解ではなく納得解を考えさせる」

　空港建設をめぐる問題は，非常に複雑です。小笠原に空港が建設されたとしても，自然環境が破壊されれば世界遺産としての価値は下がり，観光客による経済効果にも影響が出るでしょう。また，観光業と漁業が産業の中心である小笠原の島民にとって，海が破壊されることは死活問題にもなりかねません。授業では，利便性を追求するあまり島としての価値や自分たちの生活に悪影響が出る可能性も考えさせたいと思います。一方で「妊婦は？」「急病人は？」「物資は？」という問題も出てくるはずです。世界自然遺産の価値とコミュニティにとっての価値は必ずしも一致しません。そんな人々の「感情」にも寄り添いながら，世界遺産小笠原諸島のあるべき「姿」について考え，世界遺産をなぜ保護する必要があるのかについても話し合うことが大切です。

> **授業メモ**　小笠原諸島には，太平洋戦争で使用された沈船や大砲など数々の戦跡がそのままの状態で残っている場所もあります。自然だけでなく，過去を知る歴史においても重要な場所なのです。授業では，自然や利便性だけに焦点を当てるのではなく，様々な人々の想いに触れることができるように配慮すると良いと思います。

3　授業展開プラン

1　高度経済成長期の環境問題とそれに伴う対策について理解する。

　1960年代に工場からの排水や煙など環境の悪化が進み，公害がもたらされたことを理解する。また，環境への負荷をできる限り減らす，循環型社会の実現が目指され法律の制定や社会資本の整備が進んだことを理解させる。

世界遺産！小笠原諸島に空港は作るべき？

― 人命か？環境か？それとも観光推進か？ ―

①次の四大公害訴訟について，教科書を見ながら情報を整理してみよう。

	イタイイタイ病	水俣病	四日市ぜんそく	新潟水俣病
被害地域				
内容				
判決				

道路や橋，上下水道などの（　　　　　　）は私たちが生活する上で不可欠です。一方で，日本では高度経済成長期に，（　　　）によって多くの患者が出て社会問題になりました。その代表が四大公害です。資源の消費を抑え，環境への負荷をできるだけ減らす（　　　　　　）の実現に向けて取り組むことが必要です。

②世界遺産である小笠原諸島に空港を作るべきかどうか議論しよう！

　小笠原諸島は，本土から１千キロ離れ船で片道24時間を要します。船は６日に１便であり，まさに絶海の孤島です。そんな小笠原諸島の島民の中で度々議論になるのが，空港建設についてです。空港建設については，「絶滅危惧種も多くいる。人間の利便性のために自然を壊してはならない」という自然保護の観点から反対する人もいれば，「診療所しかない。緊急の病だった場合は助からない」と人命の観点から賛成する人もおり，議論は何十年も平行線になっています。世界遺産ということもあり，慎重な議論が必要です。さて，あなたは小笠原諸島の父島に住む住民です。はじめに空港が必要かどうかあなたの意見を教えてください。その後，島民の意見を聞いて小笠原に空港が必要かどうか班で意見をまとめてください。

空港は，（　　必要　　・　　不必要　　）

……………………………………………………………………………………………

②島民の意見を参考にしてみよう！その他には，表以外の内容で考えられる
　賛成する人や反対する人の意見があれば，書いてみよう。

地元の高齢男性Ａさん	自然環境保護団体のＤさん
今のままではもし急病になった時に搬送してもらえない。船便しかないため親の死に目にも会えなかった。飛行機があれば…	小笠原の魅力は自然。そして自然は観光資源でもある。多様な生物がいる。自然を破壊してまで必要なものか考えてほしい。
小笠原高校の高校三年生Ｂさん	民宿経営をするＥさん
大学受験のため，入試期はほとんど本土にいた。旅立つ前に，みんなともっと一緒に最後の高校生活を過ごしたかった。	お客さんが来れば最低でも週に３泊はする。空港ができたら，日帰りする観光客が増え，私たちの利益が落ちてしまう。
地元に住む主婦Ｃさん	おがさわら丸の船長Ｆさん
台風で「おが丸」が欠航になると物資が２週間もこないことがある。生活しにくい。せめてもう少し不自由なく買い物ができれば…	今までずっと小笠原海運が本土と小笠原を繋いできた。空の移動が増えれば船を使う人は減るだろうし，単価も下げざるを得ない。
その他（賛成する人：　　　　　　）	その他（反対する人：　　　　　　）

小笠原諸島に空港は，（　　必要　　・　　不必要　　）

……………………………………………………………………………………………

……………………………………………………………………………………………

……………………………………………………………………………………………

……………………………………………………………………………………………

- 😊：小学校で学習した四大公害の名前と場所を覚えていますか？
- 😊：イタイイタイ病。富山県で発生しました。
- 😊：水俣病。熊本県とか鹿児島県で発生しました。メチル水銀が原因です。新潟水俣病もあります。
- 😊：四日市ぜんそくがあります。石油化学コンビナート周辺で発生しました。場所は三重県です。
- 😊：そういった工場からの煙や排水によって健康に被害が及ぶ害を何と言いますか？
- 😊：公害です。
- 😊：公害に対しては，どんな対策が取られていますか？
- 😊：公害対策基本法や環境基本法が施行され，循環型社会の実現に向けて環境への配慮が進められています。

2 **島民の声を参考にしながら，世界遺産である小笠原諸島に空港を作るべきかどうか議論する。**

　道路や橋などの社会資本と環境との調和を目指すために必要なことは何かを小笠原諸島の空港建設を事例に議論する。

- 😊：みなさんは，小笠原諸島の空港建設に賛成ですか？反対ですか？
- 😊：おがさわら丸だけでは，老朽化の心配もある。そして何より空港ができることで緊急時の医療などが充実し，安心して生活できるよね。
- 😊：自然環境との調和が心配。四大公害と同じ過ちをしてはいけないし，島は人間だけのものではないはず。これ以上の開発には反対。
- 😊：財源的にはどうなのだろう？維持していくのに費用がたくさんかかるなら無理に空港を作る必要はないと思う。
- 😊：世界遺産だから，大切に扱って欲しい。今の世代だけのものではなく未来の世代の小笠原諸島でもあることを忘れないでほしい。

④ 子どもの育ちをとらえるポイントとフィードバック

議論は，予想以上に白熱します。ある生徒の感想を紹介します。

　私は，空港建設は島民の立場なら反対です。空港を作れば，誰でもいつでも簡単に島に来ることができるので，経済面や医療面では効果が高いかもしれないけど，世界遺産は小笠原の島民だけのものではなく，日本全体のものだと思うからです。その価値は，未来の世代にしっかりと引き継いでいく必要があります。ただ，空港建設に賛成派の意見も理解はできるので，違う対策をとった方が良いと思います。私たちの班では納得解として，24時間というかかる時間は変わらないけれど，おがさわら丸を週に2便運行させたり，島民の方々は年に5回までは無料で本土まで乗れるようにさせる特典みたいなものを与えてあげれば，少しは気持ちも落ち着くと思う。そういったところに，税金が使われるなら多少は納得できるし，そこまでしてでも世界遺産は守るべきだと思いました。壊すのは一瞬なので，慎重に考えてほしいと思います。

　授業後には，「病人とか緊急時の対応にはヘリが必要だ」「24時間は遠いし，診療所だけでは限界なのはわかる」「不満なら小笠原から出ていけって主張は乱暴」などと話し合いを続ける生徒たちも見られました。人口減少が進む中で今ある社会資本をどのように維持・管理しながら，持続可能な社会を作っていくのか，国や自分の問題として一人一人が自分ごととして考えていくことが大切です。

参考文献 ───────────
・小笠原村公式サイト「航空路アンケート集計表」＜https://www.vill.ogasawara.tokyo.jp/＞
　2024年7月2日最終アクセス

Chapter 4　教室を熱狂空間にする！中学校公民授業モデル

6 なぜノルウェーの刑務所は再犯率が20%と低いのか？

1 教室を熱狂空間にするポイント①

「本物の社会課題と出会い，自分ごととして考えさせる」

　日本には，刑務所，少年刑務所，拘置所など全部で約180の刑事施設があります。自分とは遠い存在と感じるかもしれませんが，収容されている人々は，もともと私たちと同じように社会の一員として暮らしていました。彼らが「どのような背景で犯罪を犯したのか？」「どのような過程で社会に復帰し，やり直していくのか？」については，彼らの問題であると同時に，受け入れる側の社会にいる私たちの問題でもあります。

　例えば，あなたが両親もいない家庭で育ち，貧困を理由に高校への進学も就職もできず，金銭面の不安から窃盗を犯したとします。罪は絶対にいけないことですが，これは全て「自己責任」でしょうか？同じ環境にいた場合，あなたが同じ行動をする可能性はゼロですか？授業では受刑者のエピソードをもとに犯罪の背景にある原因を多面的・多角的に理解し，犯罪者への社会保障の充実が必要かどうかを議論します。環境によって誰でもいつでも犯罪に手を染める可能性があり，子どもたちが当事者となる可能性も大いにある社会課題です。だからこそ，自分のこととして考えることが大切です。

> **授業メモ**　授業では，受刑者のエピソードをもとに「同じ状況だったらどう？」など自分のこととして考えさせることが大切です。犯罪の背景にある問題にアプローチすることの重要性に気づけるかがポイントです。

② 教室を熱狂空間にするポイント②

「虫の目・鳥の目・魚の目から多角的に物事を考えさせる」

　ノルウェーの刑務所の取り組みには賛否が分かれることが予想されます。「どんな背景があっても自己責任」「犯した罪を償うべきで，それ以上のことは自分で解決すべき」という意見もあれば，「再犯率の高さは問題だと思う」「更生しても，今の日本で社会復帰は難しい」など多様な意見が出てくるでしょう。刑務所内での規律が緩くなれば，そこにいる方が心地いいと考える犯罪者も増えてしまうのではないかといった意見もあるかもしれません。誰一人取り残さない社会の実現に向けて，受刑者の社会復帰を受け入れる側として何が必要なのか議論することが大切です。

> **授業メモ** 授業では，犯罪の背景にある，個人ではどうしようもできない問題を社会全体で支える必要性に気がつかせることが大切です。また，そのための費用や誰がどのような負担をするのか，財政面でも話し合うことが必要です。

③ 授業展開プラン

1 刑務所のイメージについてクラスで共有する。

　ペアになり，「刑務所」と聞いて思い浮かぶイメージや言葉を最低三つは考える。ネガティブなイメージが多くなるが，自由に意見を発表する。

> ：みなさんは，刑務所と聞いてどんな言葉をイメージしますか？
>
> ：怖い。罪を犯した人。極悪人。犯罪。法律違反。
>
> ：刑務所で反省している人。丸坊主にしているイメージがある。
>
> ：最近は高齢化していて，わざと入ろうとする人もいる。

なぜノルウェーの刑務所は再犯率が20%と低いのか？

─犯罪者への社会保障の充実は必要か─

①あなたが「刑務所」と聞いてイメージする言葉を三つ書いてみよう。

②次の刑務所クイズに答えてみよう！

　　裁判で有罪となった場合でも，刑務所に収容されるのは（①80％・40％・10％以下）だそうです。そのうち，３年以内に刑期を終えて社会に復帰するのは（②80％・40％・10％以下）ですが，日本では出所後に再犯し，再入所する割合は（③20％・40％・60％）だそうです。

③なぜ，彼らは刑務所に入ったのだろう？エピソードを読んで，彼らの犯罪の背景にあるものを追求しよう。

ケース１：Ａさん（20代男性）

　　子供の時から施設で育てられた。中学卒業後に高校に行ったけれど，授業についていけなくて中退。日雇いの土木の仕事をしていたけど，人間関係で上手くいかず，結局怪我をして辞めてしまった。今は居場所がないからネットカフェを転々としている。そんな時，友人からお金が稼げると闇バイトに誘われた。大麻の運び屋で，仕事しているうちに自分も吸うようになり逮捕された。刑務所で自分をもう一度見直し社会復帰したいけど，自信がない。

ケース２：Ｂさん（30代女性）

　　高校生の時に，父が病気で亡くなった。それまでは裕福に暮らしていたけど，次は母が病気になってしまって・・大学卒業後は，妹と二人で暮らしていたけど，うつ病になってしまい働けなくなった。生活保護って制度は聞いたことがあるけど，手続きがよくわからなくて・・結局，お金に困ってスーパーで万引きして，逮捕された。正直，刑務所にいた方がご飯も食べられて安心。

犯罪の背景にあるものは何だろう？

この問題は彼らの（　　自己責任　　・　　自己責任ではない　　）

④次にノルウェーの刑務所の取り組みについて考え，犯罪者への社会保障の充実が必要かどうかについて議論しよう！

　ノルウェーの首都オスロの郊外には，世界一人道的と言われる刑務所がある。そこには日本の刑務所とは違い，音楽スタジオ，薄型テレビ，冷蔵庫，シャワー室など，刑務所とは思えない風景が広がっている。この刑務所では，犯罪の背景にある教育機会の欠如や無職状態，家庭内の不和などの課題を見つけ出し，社会復帰へのモチベーションを高めるために必要な職業プログラムや実社会と変わらない環境設備の用意，コミュニケーションスキルを磨くための実践的な演習などに長年取り組んできた。その結果，70%だった再犯率は20%前半台まで下がるなど一定の効果を出した。日中は，刑務所のスタッフによるカウンセリングだけでなく，学校や仕事にも出かける機会があり，社会とのつながりを強化することで，罪を犯した人々が出所後も社会で孤立することなく，円滑に社会復帰ができるように地域社会の人々が協力している。受刑者のやり直しを支えようとする土壌の充実は，税金によって成り立っており，刑務所というよりは，社会への移行支援体制がとられる施設という印象だ。

犯罪者にも必要	犯罪者には不必要

あなたの意見：

2 次に刑務所に関するクイズを実施する。

　有罪判決を受けた場合，刑務所に入る割合は10％以下であること，３年以内に社会復帰する人は80％であり，再犯率は60％であることを理解する。

> 😊：社会復帰できる人の割合が多い。そもそも刑務所に収容される人が全体の10％で低く感じた。
>
> 😊：再犯率が高い。60％って本当に反省しているのかな？

3 受刑者のエピソードを読み，犯罪を犯した背景について理解する。

　受刑者にも様々な背景があり，犯罪に手を染めてしまっている事実を理解する。またこの問題が自己責任として扱って良いのかについて議論する。

> 😊：エピソードを読んでどう思いましたか？
>
> 😊：家庭環境とか同じ状況だったら自分も罪を犯しているかも。
>
> 😊：周りに支えてくれる人やアドバイスしてくれる人がいないと難しいね。
>
> 😊：自己責任ではなく，社会全体で支え合うサポート体制を充実すべき。

4 ノルウェーの刑務所の取り組みについて，犯罪者への社会保障の充実が必要かどうかについて議論する。

> 😊：ノルウェーの刑務所の事例をみなさんはどのように考えますか？
>
> 😊：賛成。再犯率が下がるということは，将来的に刑務所等に関わる費用の削減につながると思う。
>
> 😊：賛成。支援体制は必要だと思う。日本では刑務所にわざと入ってくる人もいるし，その流れは変えるべきだと思う。
>
> 😊：反対。なぜ刑務所にお金を使うのか納得できない。税負担がきつい。
>
> 😊：反対。これでちゃんと反省するの？罪をちゃんと償えるの？

④ 子どもの育ちをとらえるポイントとフィードバック

議論は白熱します。ある生徒の感想を紹介します。

> 　私は，税負担さえ解決できれば全面的に賛成です。税負担はこれ以上増えてしまうと，私たちのような人口が少ない世代は，苦しいので嫌です。
>
> 　しかし，ノルウェーの刑務所の取り組みには賛成です。本当の極悪人を除けば，誰もが最初から「犯罪したい」と思っている人はいないと思うからです。家庭環境が複雑なら，悪い方に走ってしまうのは当然のことで，家以外の居場所を提供できたり，話を聞いてあげる場所があったりすれば未然に犯罪を防ぐこともできると思います。また，怪我や病気，介護で仕事ができなくなることは誰にでも起こりうるわけだから，自己責任で片付けるのは厳しいし，寂しい社会だなと思います。弱者を切り捨てるような考え方は，私は好きではありません。ノルウェーのように社会復帰を想定して支援していく考え方には賛成で，しっかり反省して，失敗を繰り返さないように復帰できる雰囲気を社会が作っていくことが大切だと思いました。

「自分たちがこれからどのような社会にしていきたいか」ということを生徒に伝えることが大切だと思います。確かに税は「負担」ではありますが，負担の押し付け合いばかりを考えても何も解決しません。「ありたい社会」を考えながら，誰一人取り残さない社会とはどんな社会なのかを考えることが大切です。

参考文献 ──────
・NPO 法人 CrimeInfo 編『知らないからこそ話し合おう！「刑務所」のこと』開発教育協会，
　2021

7

ピザのシェアから考える世界の飢餓問題

1　教室を熱狂空間にするポイント①

「本物の社会課題と出会い，自分ごととして考えさせる」

　「食」は私たちの毎日に欠かせないものであり，誰にとっても身近な存在です。あなたは，「食糧が十分に得られず，栄養不足によって飢餓状態にある人々が多くいる一方，世界全体としては人々が十分に食べられるだけの量が生産されている」と聞いたら，どのように感じますか？少し心がモヤモヤするのではないでしょうか。実際，日本の食品ロス量は643万トンに対し，世界の食糧援助量は320万トンです。授業では，最初にピザをシェアする活動を実施します。ねらいは形式的分配と実質的分配の違いを理解させるためです。おそらく，ピザを単純に3等分（形式的（量的）平等）するグループもあれば，Aさんは相撲部だから多めに分けて，Cさんはチーズが苦手だから少なめにするなど，その人の状態に応じて分配する実質的平等に分けるグループが出ることが予想されます。その後，「なぜ教室ではそれぞれの立場を考えて平等に分配することができるのに，世界では難しいのか？」について自分ごととして考えさせることができます。知識が必要となる瞬間を意図的にデザインし，本気で考えさせることが大切です。

> **授業メモ**　ピザをシェアする活動では「言葉の話せない犬にはピザをあげる？」など問うとより議論が深まります。実際に世界では立場の弱さから発言や行動ができない人がおり，それは国関係においても同じことが言えると思います。

2 教室を熱狂空間にするポイント②

「虫の目・鳥の目・魚の目から多角的に物事を考えさせる。」

　ダイヤモンドランキングを考えるにあたって，国家レベルでの支援からNGOなど民間企業レベルでの支援，個人レベルでできる支援など様々な視点に立って考えることが大切です。即効性を考えるとどうしても国家レベルの支援に議論が集中しがちですが，草の根からできる活動にも意義があると思います。また多数決を使わず，じっくりと話し合わせることで，「本当に必要な支援は何か？」を考え，納得できる「解」を生み出していくことが大切です。誰の何のための支援なのか？自分たちはどんな社会を作っていきたいのか？授業の中では基本に立ち返るような声かけをしていくことも大切です。

> **授業メモ**　授業では，自由にアイディアを出してオリジナルの意見を出すことを推奨してもいいと思います。順位をつけることを目的とするのではなく，問題の解決には何が必要なのかという視点を重要視してほしいと思います。

3 授業展開プラン

1 ピザをシェアしようの活動について説明する。

　班になり，ピザのシェアをどのようにするか話し合う。場面を想像して自由に考えて良いことを説明する。

> 👩：みなさんは，ピザをどのように分けましたか？
>
> 👧：3人に平等に，同じ分量にして分けました。
>
> 👧：私の班は，Aさんにピザの半分をわけ，BさんとCさんは残りを半分ずつにして分けました。

ピザのシェアから考える世界の飢餓問題

―なぜ食糧が足りているのに，足りないのか？―

①ピザをシェアしよう！

A君とB君とCさんは，中学校のクラスメイトです。運動会実行委員会の打ち上げのため，ピザパーティをやることになりました。しかし，ピザ店のミスでピザがカットされていません。ピザをどのように切り分けることが平等かグループで話し合い，下の円に示しなさい。3人の情報は参考にしてもしなくても構いません。ただ一つそれぞれの立場を考えて，班員が納得するシェアをしてください。

【ピザ】

【情報】

A君・・7人兄弟の末っ子（相撲部）　B君・・裕福な家庭
Cさん・チーズが少し苦手　　　　　犬・・・Cさんの家の犬

なぜそのようにシェアしたのか？

※日本の食品ロスは，（　　　　　）です。世界の食糧援助料は（　　　　　）です。

②なぜ，教室ではそれぞれの立場に立って，ピザを分けることができたのに，世界では，食糧の配分が難しいのだろう？

③ダイヤモンドランキングを通して，世界の飢餓問題の解決を考えよう！

あなたは国連職員です。世界の飢餓問題を解決したいと思っています。他の職員と議論し，12の解決策を考えました。どの解決策から取り組むべきか重要度や必要度の高いものから，順にダイヤモンドランキングを作ってください。また，ランキングを決める際は，多数決での決定は避け，話し合いで決めるようにしてください。みなさんは国連職員です。飢餓問題の解決はみなさんの手にかかっています。

議論した12の解決策（自分でオリジナル意見を作ることも歓迎）

飢餓問題を抱える国々ができること	日本などの先進国ができること
A 近隣諸国同士が協力できる体制を作る	G ODA による多額の資金援助
B 児童労働の禁止。教育の充実を図ることで，貧困から抜け出す	H JICA や NGO による農業分野での技術支援の充実
C 農作物は国が高値で買い取ることで農業分野の活発化を図る	I フェアトレード製品の購入
D 旧宗主国ではない国と対等な貿易関係を結ぶ	J 飢餓問題に取組む団体への募金活動
E 観光業や工業に力を入れることで，国の経済を成長させる	K フードバンクの活用など食品ロスを減らす取組みの強化
F 食品の管理方法や保存方法の教育	L 食糧問題への学びを深める
	M その他

※ M はその他（オリジナルの意見として，書いてください。）

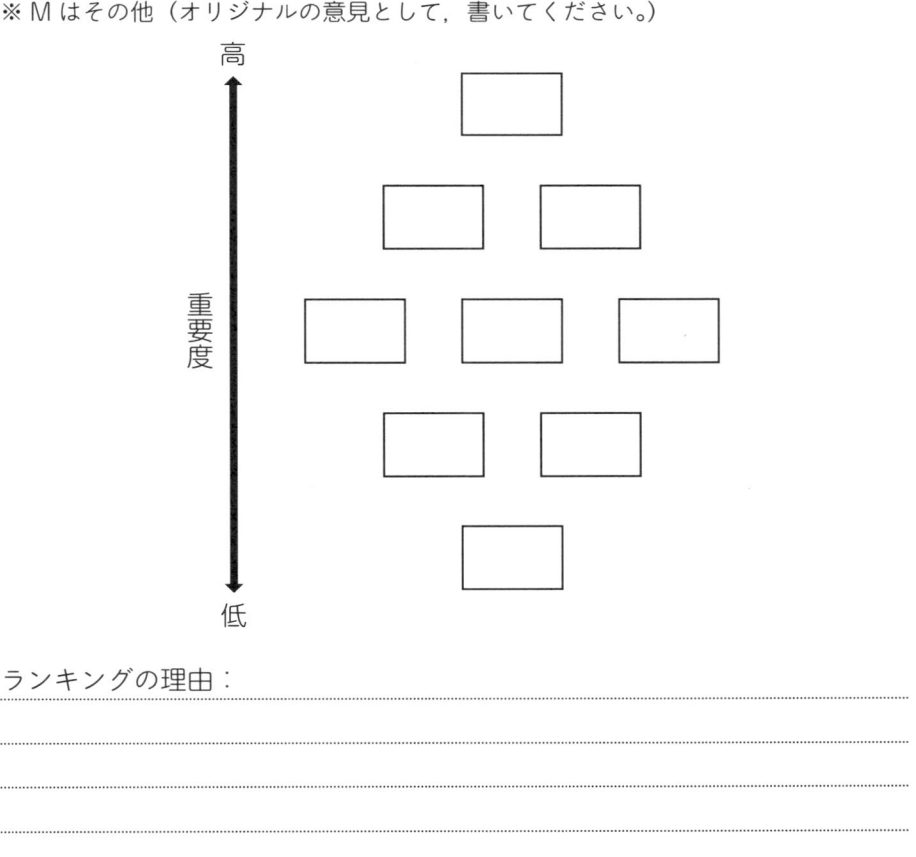

ランキングの理由：

2 教室での食糧の分け方が，世界規模になると上手く行かない理由を考える。

　教科書や資料集を参考にしながら，なぜ飢餓などの食料問題が起きてしまうのかについて考える。

> 😀：なぜ食糧が足りているのに，足りていない国や地域があるのだろう？
> 😊：貧困で食料が買えないとか？あとは気候の問題で農作物が作れない？
> 😀：政治が不安定で紛争や内戦をしている国もあったりするよね。
> 😊：そうですね。様々な要因が複雑に絡み合っていると思います。

3 世界の食糧問題の解決に向けて，何ができるかダイヤモンドランキングを作成する。

　国連職員になった設定で，食料問題の解決に向け，様々な視点から何ができるかについてグループで議論をする。

> 😀：みなさんは，国連職員です。世界の食料問題を解決したいと思っています。選択肢を参考にして，食料問題を解決するために何を優先して取り組みますか？多数決はせず，話し合いで納得解を出してください。
> 😊：まずは国としての援助が必要だと思う。資金援助，食料援助とかは早急に対応して，教育普及とか社会資本の整備などの技術援助は JICA や民間の NGO が対応すれば良いと思う。まずは国レベルでできることを優先して強化したらどうだろう？
> 😊：援助ばかりだと，それに頼ってばかりで自立しなくなると思う。だからまずは，食糧問題を抱える国同士が自分たちでできることから取り組まないといけないんじゃないかな。
> 😀：フェアトレードの製品を買うことなら，今すぐにでもできる。即効性の高いものからやった方がいいと思う。

④　子どもの育ちをとらえるポイントとフィードバック

　ダイヤモンドランキングでは，対話をしながらじっくりと納得解を作ることが大切です。ある生徒の感想を紹介します。

> 　私は，食料問題や貧困問題を「まずは自分たちで努力して何とかしろ」っていうのは無理があると思う。自分たちで解決できるなら，もうやっているはずだし，ハンガーマップを見ても栄養不足はアフリカの国々に偏っているから歴史や自然環境が関係していると思う。特に歴史は，先進国による植民地支配が大きいわけだから，この食糧問題はどちらかというと先進国側の問題なのではないかと思っています。そう考えると，一番優先して取り組むことは，ODAによる多額の資金援助だと思う。次いで，JICAやNGOによる農業分野での技術支援が良いと思う。その次くらいに，食糧問題を抱える国ができることとして，農作物を高く買い取ることを保障し，農業分野の活性化を図るあたりが良いのではないかと思う。これは，日本でも戦後に米の買取りをしていたと地理で学習したので，それに近いイメージで考えると良いと思う。そして，下位にフェアトレードや食料問題について知るなど，私たちができることを少しずつ広げていくことが大切だと思います。

　授業後にも，「食品ロスをもう少し工夫して減らせないかな？」，「シンプルに寄付できないのですか？」など様々な「モヤモヤ」を生徒同士で共有する場面が見られました。その違和感を解決するためにどうすれば良いのか課題を自分の問題として考えさせることが大切です。

参考文献
・井出留美『捨てられる食べ物たち（食品ロス問題がわかる本）』旬報社，2020年
・Center for Civic Education 著『テキストブック私たちと法』現代人文社，2001年

8 「服」から考える国際協力

1 教室を熱狂空間にするポイント①

「本物の社会課題と出会い，自分ごととして考えさせる」

　みなさんの中には，衣服をリサイクルやチャリティという名目で「寄付」したことがある人も多いのではないでしょうか？多くの人が「善意」で寄付していると思います。日本では，1年間で約15億着の服が捨てられており，発展途上国に寄付されている衣服も多くあるでしょう。現地では，先進国からの衣服が非常に安価な値段で売られており，それが原因で洋裁ビジネスに従事する人が廃業に追い込まれ，現地産業が衰退し人々が貧困に追い込まれているという事実があります。授業では，服を題材にして，服という身近な事例を通して，アフリカの国々を苦しめている善意の寄付がもたらす問題から，本当に意味のある国際協力とは何かについて，自分のこととして考えさせることが大切です。服を「使い捨て」のように考えるのではなく，寄付の終着点をしっかりと調べたり，長く着ることのできる服を購入したり，一着を大切に着たりするなど，まずは，私たち先進国の人々の行動や考え方を変えていくことが大切であることを理解させることが重要です。

> **授業メモ**　多くの生徒は「寄付」が「善」であり「悪」ではないという考え方だと思いますが，実際はそうでない場合もあります。善意の寄付がガーナだけでなく，ベナンやウガンダなどアフリカの多くの国々を苦しめています。衣服という身近なものから，自分の行動や考え方を振り返らせることが大切です。

2 教室を熱狂空間にするポイント②

「SEL の視点から最適解ではなく納得解を考えさせる」

　もし，自分が「善」だと考えていた寄付が，遠い国の誰かを苦しめていたと知ったら，生徒は大きな衝撃を受けると思います。今までの最適解が覆るわけですから，「感情」が大きく揺れ動くでしょう。しかし，全ては知ることから始まります。支援のあり方がどのような形になれば双方にとって「納得」できるものになるのかを議論し，今までの，自分たちの行動や考え方を見直していくことが大切です。授業では，「どんな場合だったら，寄付は喜ばれるか？」また「どんな場合だった時に，嫌がられるか？」など様々な視点から考えることで，国際協力を行う上で大切なことは何かが見えてくると思います。

> **授業メモ**　授業では，シンプルに「どう思ったか？」を聞いて，全体で共有するといいでしょう。おそらくほとんどの生徒が「衝撃」を受けるはずです。その上で，自分たちの考えをどのように改善する必要があるのか問うと良いと思います。

3 授業展開プラン

1 A子さんの行動について賛成か反対か自分の意見を考える。

　文章を読んで，A子さんの行動に対する自分の意見を記述させる。その後ペアで意見を共有する。

> 👩‍🏫：A子さんの行動についてみなさんはどう思いましたか？
> 🧑：賛成。寄付は良いことだと思う。
> 👧：特に問題点は見当たらない気がするから賛成かな。

「服」から考える国際協力

―本当に変わるべきは私たち？―

①彼女の行動に賛成？反対？

　中学生A子さんは，コロナ禍で家の掃除をしていました。そしてもう必要なく
なった大量の衣服を処分することにしました。しかし，まだ着られる服ばかりだ
ったため，家族と相談し「途上国に服を寄付」することに決めました。途上国で
は，服を満足に買うことができない人もいるとTVで見ていたため，彼女は「良
いことをした」と満足な気持ちでいっぱいでした。

彼女の行動に（　賛成・反対　）なぜなら，

②A子さんの寄付した服はどうなったの？

　A子さんが途上国に寄付した服は，アフリカのB国に無事に到着していました。
服は，他の先進国からと思われる服と共に，1着5円という破格の値段で売られ
ていたため，現地の人々が気軽に服を買うことができるようになりました。しか
し，現地の人々の中には，この寄付に対して，激怒している人もおり，「貧困に追
いやられている」と主張する人もいました。さて，どんな人が困っているでしょ
う？また，それはなぜでしょう？班で話し合って考えてみてください。

理由を考えよう！

答え

つまり，良かれと思ってやっていた「善意」の寄付が，現地産業を衰退させ人々を貧困に追いやっていたということになる。

③次のコラム「アフリカ人はどんな服でも着る？」を読んで感想を書いてみよう。

　西アフリカのガーナでは，1週間に1500万着もの古着が「寄付」という名目で先進国から送られています。2016年の古着の輸出国を見ると，アメリカが75万トン，イギリスが50万トン，日本が24万トンとかなり大きな数字となっています。もちろん，安価な値段で得られることでメリットもあります。例えば難民キャンプにおける衣服の寄付はその一例でしょう。しかし，中には破れたり，汚れたりしている服も散見され，売れなかった古着は最終的に埋立地へと流れつき，処理しきれない大量の古着が現地の環境問題にも繋がっているそうです。また「貧しい人たちを助けたい！」とチャリティで集められた善意の古着は，企業や団体のイメージアップに繋がることから加速するケースが多くあります。一方，その善意による大量の衣服の「寄付」が現地産業を衰退させる問題にもアフリカ諸国は悩まされています。例えば現地の仕立て職人や繊維産業に従事する人たちです。市場で，1枚5円で売られる古着もあることから，価格競争に勝てず，廃業に追い込まれるケースもあります。さらに最近では，民族衣装を着る人たちも減ってきたと嘆く声があります。アフリカの国では自分で布を購入して，衣装を仕立てるという文化が定着しており，色とりどりのアフリカ布を使って，民族衣装を仕立てます。しかし，コストを考えるとどうでしょう。民族衣装を買うより，古着を買った方が安く済みます。そこで浮いたお金を生活に回すこともできます。過度な古着の流入が文化までも奪ってしまう恐れもあるのです。援助が全て「善」になるわけではないということを，私たちは知っておかなければなりません。

④本当に必要とされる支援とは何だろう？私たちがすべきことは？

2 追加の文章を読み，なぜ寄付に反対する人がいるのか理由を考える。

　寄付が無事にアフリカの国に届いたにも関わらず，現地の人々が貧困に追いやられた理由を班で話し合う。

> ：なぜ寄付に反対した人がいるのだろう？
>
> ：わからない。なぜ寄付が貧困に繋がるのだろう？一着5円って誰にとってもありがたいはずだと思うけれど・・・
>
> ：現地で洋服を売っている人って，どれくらいいるの？
>
> ：余った古着の処理に困っているからかな？

3 コラム「アフリカ人はどんな服でも着る？」を読んで感想を記述する。

　コラムから，善意の寄付がもたらす本物の社会課題について理解する。

> ：コラムを読んで，どのように感じましたか？
>
> ：正直，言葉が出ないくらいショック。良かれと思ってやっていた寄付で現地の人々を苦しめているなんて思ってもみなかった。
>
> ：現地の産業が衰退していたり，環境破壊を引き起こしていたりなんて想像もしなかった。自分たちの考え方や行動を変えていく必要があると思う。

4 本当に必要とされる支援は何かについて自分の意見を考える。

　自分たちの考え方や行動をどのように変えていく必要があるのか考える。

> ：寄付のゴール地点をしっかり確認しないといけないと思う。
>
> ：いらなくなったら捨てる。寄付すればいいという考え方から最高した方が良いのではないか。本当に必要な支援とは何かを考えたい。

授業は，生徒の「感情」を揺さぶり，同時に深い学びを生み出します。矢印が自分に向けられ，国際協力のあるべき姿に気がつくことができます。ある生徒の感想を紹介します。

> 寄付の執着地点なんて考えたことがなかったので，今回の授業は衝撃だった。まさか自分たちが良かれと思ってやっていたことが，実際はアフリカに住む現地の人々を苦しめ，環境問題や貧困問題を引き起こしているなんて最悪のパターンだと思った。ありがた迷惑って言葉もあるけれど，相手に善意があることがわかっている時って，確かに断りにくいと思う。だけど，今回の古着の件は，自分たち先進国の人間が行動や考え方を変えていく必要があると思うし，多くの人に知ってほしい。「とりあえず寄付する」とか「なんとなく良さそうな行動だから」みたいに何も考えずに支援をすることは危険だと感じた。この支援が本当に相手のためになっているのか？寄付や支援をするからには，最後までしっかりと見届けることが必要だと思う。また，服に関しては一着を大切に着ること，計画性もなく安いものを買わないなど，自分のできることから行動したいと思う。

国際協力は，離れているからこそ難しい問題です。現地のニーズに合わない支援は逆効果になることがあるからです。遠い世界の出来事に感じることも多くあると思いますが，私たちの小さな行動の一つ一つが間違いなく世界を変えることができる力を持っています。JICA海外協力隊などの活動を紹介しながら，国際協力のあり方を考えさせてほしいと良いと思います。

参考文献
・原貫太著『あなたとSDGsをつなぐ「世界を正しく見る」習慣』KADOKAWA，2021年

【著者紹介】

髙田　裕行（たかだ　ひろゆき）

1988年生まれ。東京学芸大学大学院修了。2011年に東日本大震災を経験し，故郷である福島県に支援してくれた世界各国に恩返しをしたいと2020年3月までJICA海外協力隊に参加する。国際理解教育学会，グローバル教育学会所属。現在は東京都の公立中学校教員。

中学校社会サポートBOOKS

教室を熱狂空間にする！中学校社会科授業デザイン

2024年12月初版第1刷刊　ⓒ著　者　髙　田　裕　行
　　　　　　　　　　　　　　発行者　藤　原　光　政
　　　　　　　　　　　　　　発行所　明治図書出版株式会社
　　　　　　　　　　　　　　http://www.meijitosho.co.jp
　　　　　　　　　　　　　　（企画）及川　誠（校正）安田皓哉
　　　　　　　　　　　　　　〒114-0023　東京都北区滝野川7-46-1
　　　　　　　　　　　　　　振替00160-5-151318　電話03(5907)6703
　　　　　　　　　　　　　　ご注文窓口　電話03(5907)6668
＊検印省略　　　　　　　　　組版所　日本ハイコム株式会社

本書の無断コピーは，著作権・出版権にふれます。ご注意ください。

Printed in Japan　　　　　　　ISBN978-4-18-419627-8

もれなくクーポンがもらえる！読者アンケートはこちらから→